Arbeitsgemeinschaft Medizinrecht im
Deutschen Anwaltverein, Berlin
Institut für Rechtsfragen der Medizin, Düsseldorf (Hrsg.)

Aktuelle Entwicklungen im Medizinstrafrecht

8. Düsseldorfer Medizinstrafrechtstag

 Nomos

Die Deutsche Nationalbibliothek verzeichnet diese Publikation in
der Deutschen Nationalbibliografie; detaillierte bibliografische
Daten sind im Internet über http://dnb.d-nb.de abrufbar.

ISBN 978-3-8487-5271-3 (Print)
ISBN 978-3-8452-9446-9 (ePDF)

1. Auflage 2018
© Nomos Verlagsgesellschaft, Baden-Baden 2018. Gedruckt in Deutschland. Alle Rechte,
auch die des Nachdrucks von Auszügen, der fotomechanischen Wiedergabe und der
Übersetzung, vorbehalten. Gedruckt auf alterungsbeständigem Papier.

Vorwort

Am 11. November 2017 veranstalteten das Dr. med. Micheline Radzyner Institut für Rechtsfragen der Medizin (IMR) der Heinrich-Heine Universität Düsseldorf und die Arbeitsgemeinschaft Medizinrecht im Deutschen AnwaltVerein (DAV) zum achten Mal den Düsseldorfer Medizinstrafrechtstag. Die Referate werden auch diesmal wieder in einem Tagungsband dokumentiert und damit der Fachöffentlichkeit zugänglich gemacht.

Zu Beginn gibt *Gaede* mit seinem Beitrag unter dem Titel „*Update im Medizinstrafrecht – Entscheidungen, Tendenzen*" einen aktuellen Überblick über strafrechtlich relevante Neuerungen in Gesetzgebung und Rechtsprechung aus dem Bereich des Gesundheitswesens. Hinsichtlich der aktuellen Gesetzgebung geht *Gaede* zunächst kursorisch auf die Novellierung des § 203 StGB sowie die erweiterte Freigabe des Einsatzes von Cannabis in der Medizin ein und gibt dann einen Einblick in die praxisprägende Bedeutung der §§ 299a, 299b StGB. Im Bereich der Rechtsprechung zum Arztstrafrecht untersucht *Gaede* Tendenzen bei der Beurteilung der hypothetischen Einwilligung und diskutiert den Tatbestand des § 217 StGB im Lichte einer aktuellen Entscheidung des BVerwG. In der Rechtsprechung im Medizinwirtschaftsstrafrecht beobachtet er eine Ausweitung der Untreuestrafbarkeit des Vertragsarztes. Einen Schwerpunkt des Beitrages macht sodann die Aufarbeitung des sog. Allokationsskandals durch den BGH aus. Nach einer näheren Beleuchtung der entsprechenden Leitentscheidung ordnet *Gaede* den Entscheidungsinhalt kritisch ein und diskutiert weitergehende Folgerungen. Dann wendet er sich im zweiten Schwerpunkt des Beitrags dem Abrechnungsbetrug zu. Nachdem der Betrugstatbestand hinsichtlich der Abrechnung ärztlicher Leistungen in der Rechtsprechung zunehmend extensiv ausgelegt wurde, sei hier nun aufgrund einzelner aktueller Gerichtsentscheidungen eine Rationalisierungstendenz zu verzeichnen.

Als nächstes erörtert *Clausen* das Thema „*Strafrechtliche Risiken rund um die Wahlleistungsvereinbarung*". Im Ausgangspunkt des Beitrags stellt der Autor anhand einschlägiger Judikate die Grundlagen für die Erfüllung des Betrugstatbestandes durch die Abrechnung ärztlicher Leistungen dar, um dann einen Überblick über die rechtlichen Rahmenbedingungen von Wahlleistungsvereinbarungen im Krankenhaus zu geben. Zur Einschätzung strafrechtlicher Risiken bei der Abrechnung von Wahlleistungsvereinbarungen nimmt *Clausen* zunächst die Vertragspartner einer solchen sowie das entsprechende Liquidationsrecht in den Blick. Eine Wahlleistungsvereinbarung werde zwar im Normalfall zwischen dem Krankenhausträger und dem Privatpatienten abgeschlossen, ein Liquidationsrecht für die vereinbarten Wahlleistungen stehe dem Krankenhausträger aufgrund der Regelung des § 17 Abs. 3 S. 1 KHEntgG jedoch nicht zu. Die Rechtslage sei allerdings umstritten und in der Rechtsprechung nicht abschließend geklärt, weshalb strafrechtliche Konsequenzen bei insoweit fehlerhafter Abrechnung kaum zu erwarten seien. Als weitere Quelle möglicher strafrechtlicher Risiken untersucht *Clausen* die Pflicht zur persönlichen Leistungserbringung bei wahlärztlichen Leistungen. Dazu widmet er sich der Regelung des § 4 GOÄ und definiert den Kernbereich ärztlicher Leistungen im Sinne des § 4 Abs. 2 S. 1 GOÄ für verschiedene Fachrichtungen. Strafrechtliche Risiken seien dort zu erblicken, wo der Kernbereich der ärztlichen Leistungen besonders eindeutig geregelt sei. Abschließend geht der Autor auf die Besonderheiten der Einwilligung des Patienten in den Heileingriff bei der Durchführung wahlärztlicher Leistungen ein.

Es folgt der Beitrag von *Rehborn* zum Thema *„Verdacht strafrechtlichen Fehlverhaltens im Krankenhaus – welche Handlungspflichten bestehen"*. Dieser stellt einleitend dar, in welchen Formen strafrechtliches Fehlverhalten im Krankenhaus denkbar ist, um sich sodann mit den darauf bezogenen Handlungspflichten auseinanderzusetzen. Hinsichtlich der präventiven Handlungspflichten innerhalb des Krankenhauses zieht der Autor das Aktienrecht als Leitbild heran und diskutiert die Schaffung entsprechender interner Sicherungssysteme, wie etwa eines Compliance-Systems im Krankenhaus. Reaktive Handlungspflichten als Folge strafrechtlichen Fehlverhaltens werden im krankenhausinternen Bereich bei Informationspflichten zwischen verschiedenen Organisationsebenen, arbeitsrechtlichen Maßnahmen sowie der Bildung einer Rückstellung verortet. Im Bereich der krankenhausexternen Pflichten leitet *Rehborn* Offenbarungspflichten des Krankenhausträgers gegenüber dem Patienten aus § 630c Abs. 2 S. 2 BGB her, um sodann eingehend eine Vermögensbetreuungspflicht des Krankenhausträgers gegenüber den gesetzlichen Krankenversicherungen zu thematisieren. Offenbarungspflichten des Krankenhausträgers gegenüber privaten Krankenkassen oder Selbstzahlern lehnt der Autor schließlich ab.

Im Anschluss setzt *Müller* sich mit den *„Pflegedienste[n] im Blick der Justiz"* auseinander. Der Beitrag beginnt mit einer allgemeinen Darstellung der gesellschaftlichen Relevanz des sogenannten Pflegenotstands sowie der deutlichen Resonanz in der medialen Berichterstattung auf unterschiedliche Formen von Kriminalität im Pflegewesen. Dem nachfolgend leitet der Autor zu aktuellen rechtlichen Fragestellungen über, die sich im Bereich des Fremdpersonaleinsatzes in Pflegebetrieben ergeben. *Müller* erläutert zunächst das Problem der Scheinselbständigkeit, welches mit unterschiedlichen rechtlichen Risiken behaftet sei, um dann unter Bezugnahme auf die aktuelle Rechtsprechung des BSG Kriterien zur Abgrenzung zwischen selbständiger und nichtselbständiger Tätigkeit in der Pflege herzuleiten. Anschließend widmet sich der Autor den Folgen illegaler Arbeitnehmerüberlassung, wo er zunächst die sozialversicherungsrechtlichen Risiken aufzeigt, die sich aus den Neuerungen des AÜG im Jahr 2017 ergeben. Strafrechtliche Risiken für sowohl Ver- als auch Entleiher einer rechtswidrigen Arbeitnehmerüberlassung ließen sich im Tatbestand des § 266a StGB erblicken. Schließlich geht *Müller* auf den Abrechnungsbetrug durch Pflegedienstunternehmer beim Einsatz nicht qualifizierter Pflegekräfte ein und würdigt kritisch die einschlägige Rechtsprechung des BGH.

Der Tagungsband schließt mit dem Beitrag von *Weichert* zum *„Patientendatenschutz und Sanktionenrecht"*. Nach einer einleitenden Darstellung der verschiedenen rechtlichen Grundlagen zum Patientendatenschutz stellt der Autor das in Deutschland geltende Patientendatenschutzregime vor, wobei er die nebeneinander bestehenden Regelungsstränge unterscheidet: das Datenschutzrecht, das ärztliche Berufsrecht sowie die Strafrechtsnorm des § 203 StGB. Bezüglich letzterer beleuchtet *Weichert* dessen jüngste Neuregelung, durch welche insbesondere die Strafbarkeit für das Offenbaren von Geheimnissen an Personen, die an der beruflichen oder dienstlichen Tätigkeit des Berufsgeheimnisträgers mitwirken, eingeschränkt wurde. Sodann erläutert der Autor die Neurungen des Datenschutzrechts aufgrund der jüngst in Kraft getretenen EU-Datenschutzgrundverordnung (DSGVO). Neben der Erweiterung des Katalogs der sensitiven Daten und den gesteigerten Anforderungen an die Informationspflichten gegenüber dem Patienten sei aus sanktionenrechtlicher Sicht eine Verbesserung der Einwirkungsmöglichkeiten der Datenschutzaufsicht durch die DSGVO zu verzeichnen. Sodann befasst sich der Autor mit den strafrechtlichen Ahndungsmöglichkeiten, die sich aus § 42 BDSG ergeben. Die Novellierung des Datenschutzrechts bewertet *Weichert* insgesamt skeptisch: Wesentliche Änderungen seien nicht zu erblicken, stattdessen entstehe ein eher undurchsichtiges Normgeflecht. Abschließend macht der Autor auf einige praktische Probleme bei der Durchsetzung eines effektiven Patientendatenschutzes aufmerksam, wie etwa die ungenügende Ausstattung der Datenschutzbehörden oder die Antragserfordernisse für die Strafverfolgung.

Die Veranstalter hoffen, mit der Publikation dieser Beiträge den notwendigen Austausch zwischen Wissenschaft und Praxis über Gegenwartsfragen des Medizinstrafrechts weiter zu fördern.

Düsseldorf, im August 2018

Prof. Dr. Helmut Frister   *Prof. Dr. Karl-Heinz Möller*   *Dr. Rudolf Ratzel*

Inhalt

Update im Medizinstrafrecht – Entscheidungen, Tendenzen   11
Prof. Dr. Karsten Gaede

Strafrechtliche Risiken rund um die Wahlleistungsvereinbarung   39
Dr. Tilman Clausen

Verdacht strafrechtlichen Fehlverhaltens im Krankenhaus – welche Handlungspflichten bestehen?   65
Prof. Dr. Martin Rehborn

Pflegedienste im Blick der Justiz   77
Prof. Dr. Eckhart Müller

Patientendatenschutz und Sanktionenrecht   109
Dr. Thilo Weichert

Autorenverzeichnis   123

Update im Medizinstrafrecht – Entscheidungen, Tendenzen

Prof. Dr. Karsten Gaede

Wenn wir auf die Ereignisse zurückblicken, die sich im Medizinstrafrecht seit dem 7. Düsseldorfer Medizinstrafrechtstag zugetragen haben, finden wir ein reich bestelltes Feld vor. Hierzu haben der Gesetzgeber und die Rechtsprechung, aber auch das Schrifttum beigetragen. Meine Versuchung, zu allem und jedem etwas zu bemerken, ist nicht gerade gering.

Ich möchte der Versuchung aber widerstehen und Ihnen eine möglichst anregende Auswahl vorstellen, auch wenn ich damit etwa zur Fortpflanzungsmedizin kein Wort sagen werde. Bei der Auswahl will ich Sie zum einen nicht nur mit der Wiedergabe von Entscheidungen oder Gesetzeswortlauten langweilen, die Sie als Experten des Medizinrechts und des Medizinstrafrechts bereits kennen. Zum anderen werden uns mehrere aktuelle Entwicklungen oder offene Fragen, die ich näher aufgreifen könnte, in den folgenden Vorträgen detaillierter begegnen. Ich denke etwa an den Stand der Korruptionsverfolgung.

Nach diesen Vorzeichen möchte ich zwei Themenschwerpunkte setzen, bei denen ich Tendenzen mit einer praktischen und grundsätzlicheren Bedeutung ausmache. Bevor ich zu den Schwerpunkten gelange, starte ich jedoch *römisch erstens* mit einem kursorischen Überblick, um nicht zu viele Themen vollständig auszusparen. *Römisch zweitens* werde ich – in meinem ersten Schwerpunkt – analysieren, was wir aus der Entscheidung des 5. Strafsenats zum Göttinger-Allokationsfall lernen können. *Römisch drittens* setze ich meinen zweiten Schwerpunkt mit der Frage, ob wir eine belastbare Rationalisierungstendenz bei der Ausdifferenzierung des Abrechnungsbetrugs im Gesundheitswesen konstatieren können.

I. Überblick: Felder aktueller Entwicklungen

Ich komme eingangs also zu einem Überblick. Zu welchen Themen ist das Medizinstrafrecht vor allem in Bewegung?

Prof. Dr. Karsten Gaede

1. Gesetzgebung

Ich möchte zunächst Themen ansprechen, die mit der Gesetzgebung in Verbindung stehen. Auch im letzten Jahr war unser Parlament medizinstrafrechtlich aktiv:

a) Neuregelung des Geheimnisschutzes bei der Mitwirkung Dritter

Mit Wirkung zum 9. November 2017 ist nicht nur im Gesundheitswesen das „Gesetz zur Neuregelung des Schutzes von Geheimnissen bei der Mitwirkung Dritter an der Berufsausübung schweigepflichtiger Personen" in Kraft getreten.[1] Mit dieser Novelle des § 203 StGB will der Gesetzgeber insbesondere dem Problem begegnen, dass die Leistungserbringer des Gesundheitswesens nach herrschender Meinung schon dann Geheimnisse offenbaren, wenn sie nicht berufs- bzw. dienstspezifisch, aber doch erforderlicher Weise mitwirkenden Personen Zugang zu Patientendaten verschaffen.[2] Zum Beispiel der Rückgriff auf IT-Anbieter, der für den Berufsträger, aber auch für den Patienten wesentliche Vorteile haben kann, soll damit erleichtert werden.[3] Der neu gestaltete Absatz 3 Satz 2 gestattet, fremde Geheimnisse gegenüber sonstigen Personen zu offenbaren, die an der zum Beispiel ärztlichen Tätigkeit mitwirken, soweit dies für die Inanspruchnahme der Tätigkeit der sonstigen mitwirkenden Personen erforderlich ist. Gleiches gilt für sonstige mitwirkende Personen, wenn diese sich weiterer Personen bedienen, die an der heilberuflichen Tätigkeit mitwirken.

Anmerken möchte ich dazu nur, dass auch diese grundsätzlich entkriminalisierende Neuregelung strafrechtliche Risiken aufwirft. Sie ergeben sich aus dem neuen, zum Ausgleich eingeführten Absatz 4 des § 203 StGB: Nach ihm wird zunächst konsequenterweise mit Freiheitsstrafe bis zu einem Jahr oder mit Geldstrafe nun auch bestraft, wer unbefugt ein fremdes Geheimnis offenbart, das ihm bei der Ausübung oder bei Gele-

---

1 BGBl. 2017 I Nr. 1, S. 3618; siehe zudem einführend den Gesetzentwurf der Bundesregierung BT/Drs. 18/11936 und zur Beschlussempfehlung und dem Bericht des Rechtsausschusses BT/Drs. 18/12940; im Kern vorgestellt bei *Fischer* medstra 2017, 321 f. Zugleich werden die bereits früher als Sonderfälle anerkannten Berufshelfer und die sonstigen Mitwirkenden unter dem Begriff der mitwirkenden Person in die §§ 53, 53a, 97 StPO integriert, BGBl. 2017 I Nr. 1, S. 3618 f.
2 BT/Drs. 18/11936, S. 1 und 18.
3 BT/Drs. 18/11936, S. 1 und 17 ff.

12

genheit seiner Tätigkeit als mitwirkende Person bekannt geworden ist. Ebenso wird aber bestraft, wer als eine im § 203 Absatz 1 StGB genannte Person nicht dafür Sorge getragen hat, dass eine sonstige mitwirkende Person, die unbefugt ein fremdes, ihr bei der Ausübung oder bei Gelegenheit ihrer Tätigkeit bekannt gewordenes Geheimnis offenbart, zur Geheimhaltung verpflichtet wurde. Dies gilt, soweit diese Person nicht schon nach Absatz 1 verschwiegen sein muss.

Gerade dieser neue Vorschriftentyp wirft diverse Fragen auf.[4] Ob die neue Norm eine weltweite Cloudspeicherung sensibelster Daten hergeben sollte, ist ebenfalls fraglich.[5] Zudem und vielleicht vor allem wird das Verständnis des durchaus problematisch großzügigen Merkmals der Erforderlichkeit eine Konkretisierung unumgänglich machen.[6]

b) Zulässige Verschreibung von Cannabis

Strafrechtlich wirksam ist auch eine Gesetzgebung, die das BtMG betrifft. Das Gesetz zur Änderung betäubungsmittelrechtlicher und anderer Vorschriften,[7] das am 10. März 2017 in Kraft getreten ist, ermöglicht nun die Verordnung von getrockneten Cannabisblüten „in standardisierter Qualität".[8] Das Gesetz will Patientinnen und Patienten mit schwerwiegenden Erkrankungen nach entsprechender Indikationsstellung und bei fehlenden Therapiealternativen ermöglichen, Cannabis als Arzneimittel zu therapeutischen Zwecken in Apotheken zu erhalten.[9] Cannabis aus kontrolliertem Anbau wurde zu diesem Zweck in die Anlage III des BtMG verschoben,[10] die Verschreibung demnach über § 13 BtMG i.V.m. der Betäubungsmittelverschreibungsverordnung (BtMVV) gestattet. Streitfragen der Zukunft

---

4 Zu den Vorstellungen des Gesetzgebers zum einen BT/Drs. 18/11936, S. 21, 29; zur Kritik bereits im Gesetzgebungsverfahren siehe etwa die Stellungnahmen von *Eisele*, S. 6 f. und BRAK, S. 5.
5 Siehe auch die Stellungnahme von *Eisele*, S. 5 und *Sinn*, S. 3 f.
6 Siehe zu Problemen der Bestimmtheit etwa demnächst *Braun/Willkomm* medstra 2018, Heft 3 – IV.
7 BGBl. I S. 403 (Geltung ab 10.3.2017).
8 BT-Drs. 18/8965, S. 1.
9 BT-Drs. 18/8965, S. 1. Näher dazu *Müller-Vahl/Oglakcioglu* medstra 2018, 73 ff., auch zum Charakter als Ersatz zur früher erforderlichen Beantragung einer Ausnahmeerlaubnis gemäß § 3 II BtMG.
10 BT-Drs. 18/8965, S. 14.

dürften – von Engpässen bei der Beschaffung des Cannabis abgesehen – angesichts der schlechten Studienlage insbesondere die zulässigen Anwendungsfälle bzw. die einschlägigen Indikationen betreffen; dies gilt nicht zuletzt vor dem Hintergrund der sozialversicherungsrechtlichen Leistungspflicht (§ 31 Abs. 6 SGB V).[11]

c) Praxisprägende Bedeutung der §§ 299a und 299b StGB

Nicht gänzlich unerwähnt lassen möchte ich, dass der Gesetzgeber mit seinen §§ 299a und 299b des StGB noch immer die Beratungs- und zunehmend die Verfolgungspraxis wie kein zweites jüngeres Gesetz prägen dürfte. Nach wie vor mangelt es an einer aussagekräftigen Rechtsprechung. Schauen wir auch deshalb auf das Schrifttum, dominieren hier verschiedene, in vielem ähnliche, aber nicht identische Konzepte, die den Schlüssel zur Vermeidung von Strafverfahren in der Ermittlung einer noch angemessenen Vergütung für Kooperationssachverhalte erblicken.[12]

Ich selbst möchte hierzu nur äußern, dass die Anlehnung an marktpräsente, rechtlich verankerte Berechnungsmethoden sicher der sinnvollste Weg ist, um das vom Gesetzgeber zum Indiz der angemessenen Vergütung[13] schmerzlicher Weise hinterlassene Vakuum plausibel zu füllen. Ich möchte jedoch einmal mehr unterstreichen, dass die Unangemessenheit der Vergütung nur *ein* mögliches Indiz ist, das Ermittlungsverfahren auslösen oder zu Verurteilungen beitragen kann. Gerade für die Vermeidung von Ermittlungsverfahren muss die gesamte Indizienlage im Fokus bleiben. Insbesondere wenn die Vergütung nach dem oberen Rand der Bewertungsraster bestimmt wird, wäre es etwa eine fatale Fehleinschätzung, allein aus der vielleicht gewahrten Leistungsäquivalenz auf eine wiedererlangte Freiheit bei der Zuführung von Patientenströmen zu schließen.

Es kommt hinzu, dass wir weiter an einer Konkretisierung aller Merkmale des immer noch jungen Gesetzes arbeiten sollten. Dies erfasst etwa

---

11 Auch hierzu etwa mwN *Müller-Vahl/Oglakcioglu* medstra 2018, 73, 76, 77 ff.
12 Siehe etwa die Würzburger Erklärung in medstra 2016, 343 ff.; mwN *Schneider* medstra 2016, 195, 197 ff. (auch mit Nachweisen früherer Ansätze) und *Geiger* medstra 2017, 328 ff. (zu Honorararztverträgen).
13 BT/Drs. 18/6446, S. 18 f.

die Unlauterkeit der Bevorzugung[14] und den Begriff der Zuführung von Patienten.[15]

2. *Rechtsprechung – Arztstrafrecht*

Verlassen wir die gesetzlichen Regelungen. Kommen wir zur Rechtsprechung. Wenden wir den Blick zunächst auf das klassische Arztstrafrecht:

a) Auffällige Unauffälligkeit

Hier scheint es, als gäbe es im Grunde nichts zu berichten. Tatsächlich ließen sich für die Strafbarkeitsrisiken, die aus Heileingriffen und Behandlungen der Wunschmedizin herrühren, kaum neue oder gar revolutionäre Entscheidungen anführen.

Ich denke aber, dass schon dieser Umstand eine Fußnote verdient. Die nach wie vor in hohem Maße konkretisierungsbedürftige Sorgfaltswidrigkeit bietet im Grunde eine Steilvorlage für weiterführende oder streitbare Entscheidungen. Auch die seit einigen Jahren verstärkte Debatte über die Verantwortung sog. patientenferner Entscheider,[16] die im Rahmen der Compliance befeuert wurde, hat *prima facie* das Potential, Entscheidungen von Interesse anzuregen. Der kaum zu leugnende Kostendruck, die Ökonomisierung etwa in den Krankenhäusern, müsste nach menschlichem Ermessen bei jährlich rund 11.000 Arzthaftungssachen[17] eine nennenswerte Zahl strafrechtlicher Entscheidungen triggern.

---

14 Hierzu etwa mwN NK-WSS/*Gaede*, hrsg. von Leitner/Rosenau, 2017, § 299a Rn. 78 ff.
15 Hierzu siehe auf der einen Seite *Schneider/Ebermann* medstra 2018, 67 ff.; NK-WSS/*Gaede* § 299a Rn. 74 f. und NK-StGB/*Dannecker/Schröder*, 5. Aufl. (2017), § 299a Rn. 171 ff. auf der der anderen Seite.
16 Dazu etwa monographisch *Neelmeier*, Organisationsverschulden patientenferner Entscheider und einrichtungsbezogene Aufklärung (2014) und evaluierend dazu *Gaede* medstra 2015, 285.
17 Siehe etwa für das Jahr 2016 die Fachserie 10 Reihe 2.1., Rechtspflege Zivilgerichte, S. 18 (1.496 AG) und S. 48 (9.460 LG): 10.956 erledigte Arzthaftungssachen. Siehe auch die Behandlungsfehler-Statistik der Gutachterkommissionen und Schlichtungsstellen 2016, S. 3.: jährlich ca. 12.000 vermutete Arzthaftungsfälle.

Hier liegt die Vermutung nahe, dass der scheinbar still ruhende See unter der Oberfläche eine doch nennenswerte Aktivität in Form von Verständigungen und, vor allem, von Verfahrenseinstellungen nach § 153a StPO verbirgt, die nach wie vor von Transparenzanforderungen befreit sind. Dieser Status quo, der nach meinen Impressionen gerade Verfahren betrifft, in denen sich Staatsanwaltschaften nun auch gegen Vorgesetzte bzw. gegen nicht unmittelbar behandelndes Leitungspersonal als zusätzliche Beschuldigte wenden, erschwert die weitere Maßstabsentfaltung. So sehr ich die Entscheidung für die diskreteren Erledigungsformen nachempfinden kann: Man sollte jedenfalls reflektieren, dass sie uns auch eine ausgewogene und belastbare Maßstabskonkretisierung aus der Hand nimmt. Sie kann den betroffenen Ärzten und Einrichtungen schaden, weil sich auch übersteigerte Pönalisierungsvorstellungen der Staatsanwaltschaften fortwährend in finanziell wirksamen Auflagen und Weisungen manifestieren können.[18]

b) Vorsichtige Abstützung auf die hypothetische Einwilligung

Einen Aspekt möchte ich im Kontext des Heileingriffes noch kurz ansprechen. Wir alle wissen, dass der BGH die hypothetische Einwilligung des Zivilrechts auf das Strafrecht übertragen hat.[19] Dies galt im Bandscheibenfall sogar für eine grobe Täuschung des Patienten.[20] Ich sehe aber Anlass, unabhängig von einer möglicherweise verbleibenden Versuchsstrafbarkeit, vor einer allzu überzeugten Prozessführung mit dem Argument der hypothetischen Einwilligung zu warnen:

Erstens hat der BGH in seinen letzten Entscheidungen nach der Kritik im Schrifttum im Grunde alles getan, um dem Einwand, der Patient hätte sich auch bei ordnungsgemäßer Aufklärung der Behandlung unterzogen, die Bedeutung zu nehmen.[21] *Zweitens* wird die hypothetische Einwilligung in den letzten Jahren nicht zuletzt wegen ihrer im Strafrecht dezidiert

---

18 Siehe auch kritisch zur Reichweite des tatsächlichen staatsanwaltlichen Rückgriffs auf § 153a StPO mwN *Ulsenheimer* medstra 2017, 323 ff.
19 Siehe in der Sache BGHR StGB § 223 Abs 1 Heileingriff 2 und offen BGH NStZ 1996, 34, 35 m. Anm. *Ulsenheimer* NStZ 1996, 132 f.
20 Zum „Bandscheibenfall" siehe BGH NStZ-RR 2004, 16 f. Vgl. nun aber auch BGH NJW 2013, 1688 f.
21 Siehe zum Eindämmungstrend vor allem die Entscheidungen BGH NStZ-RR 2007, 340 f.; NStZ 2012, 205 f. und BGH NJW 2013, 1688 f.

anderen Wirkung im Schrifttum nun fast ausschließlich vernichtend kritisiert.[22] Die Unterstützung schwindet merklich.[23] Auch *Claus Roxin* hat in der *medstra* bekundet, dass er seine Meinung geändert hat und es nun ebenfalls vorzieht, nach alternativen Entkriminalisierungsstrategien zu suchen.[24]

Natürlich: Äußerungen des Schrifttums ändern die Rechtsprechung nicht. Auch der Umstand, dass das AG Moers vor zwei Jahren die hypothetische Einwilligung verworfen hat,[25] wird die Senate des BGH nicht erzittern lassen. Auf der anderen Seite steht auch für den BGH aber der Patientenschutz als besonders positiv besetztes Interesse im Raum. Angesichts der zunehmenden Indizien für Absetzbewegungen des BGH dürfte es jedenfalls geboten sein, zu prüfen, ob sich die Straflosigkeit auch nach Alternativansätzen[26] überhaupt herleiten lässt, um für den Fall eine mangelnde Entscheidungserheblichkeit der Frage aufzuzeigen. Ebenso sollte das Wissen um den Druck auf die hypothetische Einwilligung in die Beurteilung von Einstellungsangeboten der Justiz einbezogen werden.

c) Schlingerkurs bei der ärztlichen Suizidassistenz

Ein bereits seit längerem tobendes Thema des Arztstrafrechts hat durch eine viel diskutierte Entscheidung des Bundesverwaltungsgerichts[27] nochmals eine neue Facette erhalten: Ich spreche von der ärztlichen Suizidassistenz, zu der wir bekanntlich keine ganz einheitliche berufsrechtliche

---

22 Aus jüngerer Zeit etwa *Puppe* GA 2003, 764 ff.; *dies.* JR 2004, 470 ff.; *Renzikowski*, FS Fischer, S. 365 ff.; *Sowada* NStZ 2012, 1 ff.; *Jäger*, FS Jung, S. 345 ff.; *Gaede*, Limitiert akzessorisches Medizinstrafrecht statt hypothetischer Einwilligung (2014), S. 16 ff., 37 ff.; (eher) bewahrend aber *Beulke* medstra 2015, 67 ff. und *M. Krüger* medstra 2017, 12 ff.
23 Siehe insbesondere die Zustimmung aufgebend *Roxin* medstra 2017, 129, 130 ff. und *Rönnau* JuS 2014, 882 ff.
24 *Roxin* medstra 2017, 129, 134 ff.
25 AG Moers medstra 2016, 123 ff. m. Anm. *Hehr/Porten*.
26 Siehe hierfür neben dem Ansatz *Roxins* etwa für eine limitierte Akzessorietät zu den zivilrechtlichen Regeln über die Aufklärung *Gaede*, Limitiert akzessorisches Medizinstrafrecht statt hypothetischer Einwilligung, S. 46 ff.
27 BVerwG medstra 2017, 293 ff.

Rechtslage verzeichnen.²⁸ Hier müssen wir konstatieren, dass unser Recht einen wenig vorhersehbaren Schlingerkurs verfolgt, der die Patientenautonomie am Lebensende wieder in Frage stellt:

Erinnern wir uns: Zunächst haben wir mit dem Recht der Patientenverfügung, das auf eine Reichweitenbeschränkung verzichtet, und mit der wegweisenden Entscheidung im Fall Putz²⁹ eine klare Aufwertung der Patientenautonomie erlebt. Diese neue Praxis ergänzt die noch immer bemerkenswerte Freistellung der indirekten Sterbehilfe, die mit dem Therapieziel der Schmerzlinderung einen beschleunigten Todeseintritt entsprechend dem Patientenwillen gestattet.³⁰

Sodann haben wir mit § 217 StGB eine Gesetzgebung verfolgt, die einen abstrakten Autonomieschutz für sich in Anspruch nimmt; sie will eine Normalisierung des begleiteten Suizides verhindern, die sie an geschäftsmäßigen Angeboten festmacht.³¹ Diese Gesetzgebung wirft kritische Fragen für die Zulässigkeit palliativmedizinischer Praktiken auf, die bei der Zurverfügungstellung einer Morphinpumpe beginnen³² und bis hin zum begleiteten Sterbefasten³³ reichen. § 217 StGB ist sogar zu einem Argument herangereift, mit dem die Wittig-Rechtsprechung³⁴ nun wieder ernsthaft diskutabel wird.³⁵

Nun jedoch hat das BVerwG vor dem Hintergrund einer entsprechenden Entscheidungsaufforderung durch den EGMR³⁶ die Frage bejaht, ob schwer und unheilbar erkrankte Suizidwillige in einer extremen Notlage einen Anspruch auf die staatliche Unterstützung ihres Suizidwillens haben könnten.³⁷ Das allgemeine Persönlichkeitsrecht aus Art. 2 Abs. 1 i.V.m.

---

28 Zur Divergenz hinsichtlich § 16 MBO-Ä siehe etwa *Nauck/Ostgathe/Radbruch* DÄBl. 2014, 111 (3) / B-61 / C-57 und § 16 MBO-Bayern: Der Arzt hat Sterbenden unter Wahrung ihrer Würde und unter Achtung ihres Willens beizustehen.
29 BGHSt 55, 191 ff.
30 Zur indirekten Sterbehilfe etwa mwN *Ulsenheimer*, Arztstrafrecht in der Praxis, 5. Aufl. (2015), Rn. 695 ff.
31 BT/Drs. 18/5373, S. 2 f., 8 f., 11.
32 Dazu *Hilgendorf*, Stellungnahme für den Ausschuss für Recht und Verbraucherschutz des DBT am 23.9.2015, S. 10 f. und etwa mwN *Gaede* JuS 2016, 385, 389 ff.
33 Dazu auch *Duttge/Simon* NStZ 2017, 512 ff.
34 BGHSt 32, 367 ff.
35 So OLG Hamburg medstra 2017, 45 ff.; siehe nun aber auch LG Hamburg medstra 2018, 109 ff. m. i.E. zust. Anm. *Duttge*.
36 EGMR NJW 2013, 2953 – *Koch/D*.
37 BVerwG medstra 2017, 293, 295 ff. – Rn. 14 ff.

Art. 1 Abs. 1 GG umfasst nach seiner Ansicht das Recht eines schwer und unheilbar kranken Menschen, zu entscheiden, wie und zu welchem Zeitpunkt sein Leben enden soll, vorausgesetzt, er kann seinen Willen frei bilden und entsprechend handeln. Hierzu hat es den Versagungsgrund des § 5 Abs. 1 Nr. 6 BtMG verfassungskonform nach dem Recht auf ein selbstbestimmtes Sterben ausgelegt und in der Abgabe von tödlich wirkenden Betäubungsmitteln eine medizinische Versorgung gesehen.[38] Das BVerwG hat eine Erlaubnis des Bundesinstituts für Arzneimittel und Medizinprodukte für den Erwerb etwa von Natrium-Pentobarbital für Fälle eröffnet, in denen

- *erstens* die schwere und unheilbare Erkrankung mit gravierenden körperlichen Leiden, insbesondere starken Schmerzen verbunden ist, die bei dem Betroffenen zu einem unerträglichen Leidensdruck führen und nicht ausreichend gelindert werden können,
- *zweitens* der Betroffene entscheidungsfähig ist und sich frei und ernsthaft entschieden hat, sein Leben beenden zu wollen und ihm
- *drittens* eine andere zumutbare Möglichkeit zur Verwirklichung des Sterbewunsches nicht zur Verfügung steht.

Diese Rechtsprechung, die absehbar selten zum Zuge kommen dürfte, wird, wie Sie wissen, drastisch kritisiert. Dem Gericht wird die Verklärung der Tötung zur Therapie, die Verkennung der Leistungen der Palliativmedizin und eine Außerachtlassung des Verbots der geschäftsmäßigen Suizidassistenz gemäß § 217 StGB vorgehalten.[39]

Ich möchte zu diesem Komplex nur drei zum Teil provokante Thesen äußern:

Erstens zeigt das Urteil des BVerwG in besonderer Klarheit, in welcher Gemengelage wir uns hinsichtlich einer professionell-planvollen Suizidassistenz nun befinden. Wir stehen an einem Scheideweg, der gerade in Abhängigkeit von § 217 StGB für die ärztliche Suizidassistenz, aber auch für die Palliativmedizin folgenreich ist.

Zweitens besteht das Problem meines Erachtens nicht in einer verfehlten Rechtsprechung des BVerwG. Zwingend mag seine Entscheidung verfassungsrechtlich nicht gewesen sein. Eine Therapiezieländerung hin zur

---

[38] BVerwG medstra 2017, 293, 298 ff. – Rn. 28 ff.
[39] Siehe zur Kritik etwa Stimmen wie die wie *Tolmein*, FAZ v. 20. Mai 2017, S. 13. Dazu aber etwa auch einordnend *Lindner/Huber* medstra 2017, 268 ff. und *Mandla* medstra 2018, Heft 2.

Linderung der festgestellten Qualen des Patienten mit der Folge seines Todes ist jedoch bei einer *ehrlichen* Betrachtung der indirekten, aktiv vollzogenen Sterbehilfe *nicht* das völlige Novum, als welches sie von den Kritikern dargestellt wird. Wir gestatten bei der indirekten Sterbehilfe nichts weniger als einen palliativ begründeten Tötungsakt. Zudem ist es zwar richtig, dass die Palliativmedizin in vielem heute enorm leistungsstark ist, wodurch die Reichweite der Entscheidung des BVerwG absehbar gering sein dürfte. Die Palliativmedizin deckt aber kaum alle Anwendungsfälle ab, soweit man die *psychische* Dimension des ggf. lang andauernden Leidens einbezieht.

Drittens ist es mindestens erforderlich, das Merkmal der Geschäftsmäßigkeit des § 217 StGB anhand der selbst einschränkend tendierenden Gesetzesmaterialien über den vom BVerwG behandelten Fall der staatlich gestatteten BtM-Abgabe hinaus einzuschränken. Ich habe hierfür in Umsetzung der Anwendungserwartungen des Gesetzgebers vorgeschlagen, dass die wiederholte Suizidhilfe *entweder* die Hauptaufgabe der Tätigkeit darstellen *oder* auf eine Art und Weise geleistet werden muss, die sie nicht mehr als *ultima ratio* innerhalb der Patientenbeziehung ausweist.[40]

Davon abgesehen wäre es wünschenswert, wenn das BVerfG der Norm umfassend entgegenträte. Nach seinen kritikwürdigen Maßstäben zur Kriminalisierung durch den Gesetzgeber wage ich aber nicht zu hoffen, dass unsere Rechtsordnung schon mit der Entscheidung des BVerfG ihre Widerspruchsfreiheit wiedergewinnen wird.[41]

3. Rechtsprechung – Medizinwirtschaftsstrafrecht

Nun möchte ich noch knapp Rechtsprechung aus dem stetig ausgeweiteten Medizinwirtschaftsstrafrecht ansprechen. Konkret soll es mir um die Fortführung der Untreuestrafbarkeit des Vertragsarztes gehen. Der 4. Strafsenat hat bekanntlich mit seiner Entscheidung aus dem August 2016 die Ver-

---

40 Dazu schon *Gaede* medstra 2016, 65 f.; anderer Ansatz etwa bei MüKo-StGB/*Brunhöber*, 3. Aufl. (2017), § 217 Rn. 64: engeres Verständnis der Wiederholungsintention; keinen Raum für die Einschränkung sieht etwa NK/*Saliger* § 217 Rn. 8, 25.
41 Näher hierzu bereits mwN *Gaede* JuS 2016, 385, 386 f.

mögensbetreuungspflicht des Vertragsarztes zunächst für die Verordnung von Heilmitteln bestätigt.[42]

Bereits auf dem letzten Medizinstrafrechtstag wurde diese Rechtsprechung analysiert.[43] Sie sieht auch ohne die frühere Vertreterrechtsprechung Raum, den Typus der Untreue zu bejahen.[44] Der Ansatz des Senats wird im Schrifttum mittlerweile fast einhellig abgelehnt.[45] Dies zeigt die tatsächliche Kritikwürdigkeit dieser Judikatur auf.[46] Infolge eines weithin[47] nachvollziehbaren Pönalisierungsbestrebens wird die Untreue von einem speziell konturierten Vermögensverletzungsdelikt weg- zu einem allgemeinen Vermögensschädigungs- und Systemerhaltungsdelikt für das Gesundheitswesen hingeführt.

Hoffnungen, andere Strafsenate des BGH mögen die Kritik teilen, haben allerdings mit der Kick-Back-Entscheidung des 5. Strafsenats vom 25. Juli 2017 einen Dämpfer erlitten.[48] Der Senat hat sich der Vertragsarztuntreue 2.0 ohne weiteres angeschlossen. Konkret hat er sie auf die Verordnung von Sprechstundenbedarf zur Anwendung gebracht und dafür auf die mangelnde Kontrollmöglichkeit der gesetzlichen Krankenkassen abgestellt.

Wir können, so denke ich, an diesen Entscheidungen eines erneut festhalten: Das *Medizinwirtschaftsstrafrecht*, das sich nun über zwei Jahrzehnte hinweg gebildet hat, ist nicht mehr nur ein vorübergehender Trend. Es wird seine erhebliche Präsenz nicht wieder verlieren. Das Gesundheitswesen hat sich gerade mit der Schaffung von Spezialtatbeständen als ein *primäres* Feld der wirtschaftsstrafrechtlichen Strafverfolgung etabliert. Mit der sensibilisierten Öffentlichkeit im Rücken begegnen wir in Politik und Rechtsprechung festen Strafwürdigkeitsüberzeugungen. Die absehbar

---

42 BGH medstra 2017, 38 ff.
43 Dazu *Wostry*, AG Medizinrecht/IMR, Aktuelle Entwicklungen im Medizinstrafrecht (2017), S. 11, 27 ff., 30 ff.
44 BGH medstra 2017, 38, 39 ff. – Rn. 11 ff.
45 Siehe etwa *Kraatz* medstra 2017, 336 ff.; *Sebastian/Lorenz* JZ 2017, 876 ff.; *T. Schneider* HRRS 2017, 231 ff.; *A. Schumann* HRRS 2017, 511, 517; aA aber *Hoven* NJW 2016, 3213.
46 Siehe zu den eigenen Gründen für die Ablehnung bereits (vor der Neuaufnahme der Untreuefallgruppe durch den BGH) mwN *Gaede*, in: Kubiciel/Hoven (Hrsg.): Korruption im Gesundheitswesen (2016), S. 145 ff.
47 Siehe indes zum zur Verfügung stehenden Betrug zum Beispiel *T. Schneider* HRRS 2017, 231, 235 f.
48 BGH HRRS 2017 Nr. 975 – Rn. 56 ff.

beständige und zugleich allgegenwärtige Knappheit der Ressourcen garantiert diesen Überzeugungen Zukunft. Zum Beispiel den Vermögensdelikten kommt in diesem von Pflichtversicherungen geprägten Sektor der Daseinsvorsorge jedenfalls in der kumulativen Betrachtung oft eine gewisse Systemrelevanz zu. Ich möchte deshalb für den Untreuekontext eine Prognose wagen: Selbst dann, wenn sich die von mir nur angerissenen dogmatischen Bedenken einmal durchsetzen sollten, werden wir in Zukunft eine der Untreue entsprechende Strafbarkeit erleben. Der Weg zu einem vielleicht vorverlagernden § 266b StGB scheint mir auch vor dem Hintergrund der bereits geschaffenen Satellitennormen von Betrug und Untreue nicht mehr allzu weit.

II. Schwerpunkt eins: Leitentscheidung zur Organallokationsproblematik

Ich kann den kursorischen Ritt durch aktuelle Debatten damit beenden. Römisch zweitens komme ich nun zu meinem ersten Themenschwerpunkt: der Aufarbeitung des sog. Organallokationsskandals durch den BGH. Hierbei werde ich mich sogleich auf den Versuch des Totschlages beschränken und die Einordnung als Unterlassungs- oder Begehungsdelikt offenlassen.

1. Freispruch – auch durch den BGH

Sie wissen alle, dass der 5. Strafsenat des BGH im Göttinger Fall den ergangenen Freispruch bestätigt hat.[49] Um Sachverhaltsdetails muss es uns nicht gehen. Die Kernsachverhalte sind in der Fachwelt bekannt.

Der BGH hat zunächst in den von ihm sog. Wartelistenfällen den Freispruch bestätigt.[50] In diesen Fällen wurde dem Angeklagten vor allem vorgeworfen, die Aufnahme von Patienten mit alkoholinduzierter Leberzirrhose in die Warteliste für Organtransplantationen bewirkt zu haben, obwohl die zur Tatzeit geltende Richtlinie der Bundesärztekammer eine – hier nicht erfüllte – Alkoholabstinenz von sechs Monaten zur Bedingung gemacht hatte.[51] Den Freispruch leitete der BGH insbesondere aus dem

---

49 BGH medstra 2017, 354 ff.
50 BGH medstra 2017, 354, 356 ff. – Rn. 30 ff.
51 BGH medstra 2017, 354, 355 – Rn. 12 ff.

Umstand her, dass die Kammer keine Befugnis besessen habe, eine solche Ausschlussnorm im Wege exekutiver Rechtsetzung zu verfügen.[52] § 16 TPG, der die Richtlinienkompetenz vorsieht, sei kein bestimmter gesetzgeberischer Auftrag zu entnehmen, einen strikten und mit einer Strafsanktion zu bewehrenden Ausschlusstatbestand für den Fall des Alkoholkonsums zu regeln.[53] Eine faktische bzw. formale Anknüpfung von Tötungs- oder Körperverletzungsunrecht an die zur Tatzeit existente Richtlinienfassung scheide aus, da der Totschlagstatbestand anderenfalls entgegen Art. 103 II GG in ein exekutiv ausgefülltes Blankett mutiere.[54] Konkret zur „Karenzklausel" hält der Senat zudem fest, dass sie die auf „Erkenntnisse der medizinischen Wissenschaft" zielende Ermächtigungsnorm des § 16 Abs. 1 TPG schon deshalb überschreite, weil keine medizinischen Gründe existieren, die den strikten Ausschluss zu rechtfertigen vermögen.[55]

Der BGH hat ebenso den Freispruch zu den in der Öffentlichkeit besonders und offenbar folgenreich wahrgenommenen Manipulationsfällen bestätigt.[56] In diesen Fällen war der maßgebliche MELD-Score wahrheitswidrig übermittelt worden. Das Tatgericht hatte seinen Freispruch insbesondere auf die These eines mangelnden Individualschutzcharakters des TPG und auf einen mangelnden Vorsatz gestützt.[57] Im Ergebnis teilte der 5. Strafsenat diese Ansicht:

Er betonte jedoch, dass schon das bisher nicht im Fokus der Diskussion stehende *Kenntnis*element regelmäßig ausscheiden müsse: Bezugspunkt der Vorsatzprüfung müsse die Frage sein, ob ein auf Grund von Falschangaben auf der Warteliste für Spenderorgane „überholter" Patient mit an Sicherheit grenzender Wahrscheinlichkeit überlebt (bzw. länger gelebt) hätte, sofern er seinem eigentlichen Rang entsprechend ein Spenderorgan erhalten hätte.[58] Dies folge aus dem Umstand, dass der für die strafrechtliche Beurteilung entscheidende Akt in der durch die Falschangaben bewirkten Nichtzuteilung des Organs und damit in einem Unterlassen lie-

---

52 BGH medstra 2017, 354, 357 f. – Rn. 31 ff.
53 BGH medstra 2017, 354, 357 – Rn. 33 ff. mit Nachweisen zur Unbestimmtheit der Aufnahme- und Auswahlkriterien sowie zur Vermutungsregel.
54 BGH medstra 2017, 354, 357 – Rn. 35.
55 BGH medstra 2017, 354, 357 f. – Rn. 35, 37 ff.
56 BGH medstra 2017, 354, 358 f. – Rn. 42 ff.
57 Siehe LG Göttingen, Urt. v. 6. Mai 2015 – 6 Ks 4/13; siehe zusf. *Vieser* medstra 2016, 249 ff.
58 BGH medstra 2017, 354, 359 f. – Rn. 53 ff.

ge.⁵⁹ Sowohl nach den allgemeinen Anforderungen des unechten Unterlassens als auch nach denen des aktiven Abbruchs rettender Kausalverläufe müsse ein strenger Maßstab gelten. Dass sich der angeklagte Arzt aber vorgestellt habe, sein Verhalten werde mit an Sicherheit grenzender Wahrscheinlichkeit eine Verlängerung des Lebens des „überholten" Patienten vereiteln, hielt der Senat nach dem festgestellten Wissen des Angeklagten für zwingend ausgeschlossen. Hierfür zog er vornehmlich die Kenntnis hinsichtlich des generell hohen Sterberisikos der Patienten mit hohem MELD-Score, hinsichtlich des allgemeinen Sterberisikos bei oder unmittelbar nach einer Transplantation sowie das Wissen um die weiteren Unwägbarkeiten des Transplantationsverfahrens, wie zum Beispiel fehlende Operationskapazitäten, heran.⁶⁰

Die Zustimmung des Senates findet aber auch die Zurückweisung des voluntativen Vorsatzelements durch das Landgericht.⁶¹ Der Senat unterstreicht unter Bezugnahme auf die AIDS-Rechtsprechung, dass es keinen Rechtssatz des Inhalts gebe, nach dem bei einer bestimmten Wahrscheinlichkeit des Erfolgseintritts stets von *dolus eventualis* auszugehen sei.⁶² Aus der Sorge des Angeklagten um den eigenen Patienten folge nicht als Kehrseite „zwingend" der Tötungsvorsatz hinsichtlich des „überholten" Patienten.⁶³ Um die Frage zu beantworten, ob der Angeklagte tatsachengestützt auf das Überleben vertraut habe oder dahingehend nur einer vagen Hoffnung gefolgt sei, seien vielmehr die Sterberisiken für ggf. „überholte", nach ihrem MELD-Score gesundheitlich schlechter gestellte Patienten mit gegenläufigen Faktoren wie einem für solche Patienten regelmäßig bestehenden Überangebot an Spenderorganen abzuwägen.⁶⁴ Danach sei die Beweiswürdigung zum voluntativen Element nicht zu beanstanden.

Die im Vorhinein viel diskutierte Frage, ob die Verteilungsregeln des TPG⁶⁵ lediglich Ausdruck eines Gerechtigkeitsprinzips bei der Organverteilung sind und somit nicht auf die Verhinderung von Körperverletzungs-

---

59 BGH medstra 2017, 354, 359 f. – Rn. 53 f.
60 BGH medstra 2017, 354, 360 – Rn. 55 f.
61 BGH medstra 2017, 354, 360 f. – Rn. 58 ff.
62 BGH medstra 2017, 354, 360 – Rn. 60.
63 BGH medstra 2017, 354, 360 f. – Rn. 61.
64 BGH medstra 2017, 354, 360 f. – Rn. 61 f.
65 § 12 Abs. 3 Satz 1 TPG und im Konnex §§ 10 Abs. 2 Nr. 1 bis 3; 16 Abs. 1 Satz 1 Nr. 2 und 5; § 13 Abs. 3 Satz 1, 3 TPG.

und Tötungshandlungen zielen, ließ der BGH offen.[66] Überdies erwägt der Senat auch nur, ob die Zurechenbarkeit nicht zudem ausscheiden müsse, weil die Verwirklichung von Tötungs- und Körperverletzungsdelikten nur im Fall eines rechtlich gesicherten Anspruchs oder zumindest eines „Anwartschaftsrechts" auf ein Organ begründet sei, den das TPG nicht vermittele.[67] Für eine solche Betrachtung lässt das Gericht aber große Sympathie erkennen.[68] Dies folgert der Senat sogar – überaus zweifelhaft! – aus einer möglichen Sperrwirkung der §§ 19 Abs. 2a und 20 Abs. 1 Nr. 2 (bzw. 4) TPG.[69]

2. Folgerungen und offene Fragen

Was können wir aus dieser Entscheidung für die Zukunft lernen? Zum einen für die noch laufenden Verfahren zu Manipulationsvorwürfen, zum anderen für den Stand der allgemeinen Dogmatik.

Legt man die Rechtsprechung zunächst schlicht zugrunde, ist für die laufenden Verfahren von einer flächendeckenden Zurückweisung des Tatvorwurfs auszugehen:

Die Argumente des BGH lassen sich auf alle Vorwürfe der richtlinienwidrigen Aufnahmen in die Warteliste übertragen, die nicht nach tatsächlich medizinischen Kriterien verfügt worden sind. Insbesondere die (frühere Form der) Alkoholkarenzklausel muss insoweit der Vergangenheit angehören.

Aber auch in den Manipulationsfällen dürfte der 5. Strafsenat eine klare Linie vorgegeben haben: Für die beteiligten Transplantationsmediziner dürfte das vom BGH zur Ablehnung des Kenntniselements herangezogene Faktenwissen kaum zu widerlegen sein. Allenfalls einem völlig unkundigen, etwa von vielen Überangeboten nichts ahnenden Arzt ließe sich theoretisch vorhalten, er habe angenommen, dass durch sein Handeln im Wege der unterlassenen Organzuweisung mit Sicherheit eine Lebensverkürzung zulasten eines anderen Patienten auf der Warteliste eintrete. Gehen wir

---

[66] BGH medstra 2017, 354, 356 – Rn. 28 f. Dafür etwa *Bülte* StV 2013, 753, 755; *Verrel* MedR 2014, 464, 467 f.
[67] BGH medstra 2017, 354, 356 – Rn. 28 f. So etwa auch schon *Schroth* NStZ 2013, 437, 443; *Schroth/Hofmann*, FS Kargl, S. 526, 530 ff.
[68] BGH medstra 2017, 354, 356 – Rn. 29.
[69] BGH medstra 2017, 354, 359 f. – Rn. 29, 41 und 43.

von einem durchschnittlich professionellen Akteur aus, hat der 5. Strafsenat, der sich – bemerkenswerterweise – selbst zur Entscheidung über die subjektive Tatfrage des Kenntniselements befugt sah, die Tür zu einem Vorsatznachweis praktisch geschlossen.

Überdies hat der 5. Strafsenat sein – nach der gesamten Rechtsprechung auch absehbares[70] – Wohlwollen für eine skrupulöse Subsumtion des voluntativen Elements ausgedrückt. Mehr noch hat er mit eingehenden Ausführungen im Urteil verdeutlicht, dass er scheinbar kurz davorstand, das Erfordernis der objektiven Zurechnung beim Vorsatzdelikt im Fall des *einerseits* zu wenig aussagekräftigen und *andererseits* möglicherweise nicht auf den individuellen Lebensschutz gerichteten TPG zu bestätigen. Zu weiteren Verfahren eingeladen fühlen können sich Staatsanwaltschaften danach bei weitem nicht.

Allerdings lässt sich auch in einer praxisorientierten Sicht mangels einer Spezialzuständigkeit hinterfragen, ob der Senat überhaupt in seinen Kernannahmen richtiglag. Hier ließen sich viele Facetten aufgreifen. Etwa eine revisionsrechtliche Betrachtung hätte sich lohnen können. Ich kann nur zwei Bedenken ansprechen:

Gegenstand der Debatte kann schon die weit über das TPG hinausreichende Frage sein, wie man bei einem geschlossenen Tatbestand wie dem Totschlag eigentlich einen Verstoß gegen das Gesetzlichkeitsprinzip mit einer Rechtsprechung begründen kann, die sich an Blankettdelikte wendet. Nach der klassischen Dogmatik findet Art. 103 II GG auf ausfüllende Rechtssätze bei Delikten mit normativen Tatbestandsmerkmalen keine Anwendung.[71]

Ich denke jedoch, dass den Bedenken des BGH *im Ergebnis* durchaus beizupflichten ist. Immer dann, wenn eine Strafnorm auf einen zuvor notwendig normgeprägten Lebenssachverhalt trifft, für den seinerseits Gesetzesvorbehalte gelten, entspricht es dem Anspruch des Strafrechts, die längst vorhandenen Bestimmungsmaßstäbe auch seinerseits zu achten. Parallelen finden sich etwa bei der Steuerhinterziehung, die tatsächlich kein Blankettdelikt darstellt.[72] Dennoch ist es bei ihr richtig, die schon aus dem Steuerrecht regelmäßig herrührenden Gesetzesvorbehalte in der

---

[70] Siehe zur zutreffend vorsichtigen Vorsatzfeststellung im Allgemeinen mwN Matt/Renzikowski/*Gaede*, StGB (2013), § 15 Rn. 4, 8, 15 ff., 24; zur besonderen Vorsichten bei Ärzten zus. und krit. *J. Krüger* HRRS 2016, 148 ff.
[71] Hierzu siehe zusf. *Gaede*, Der Steuerbetrug (2016), S. 459 f., 479 ff.
[72] Dazu bereits eingehend mwN *Gaede*, Der Steuerbetrug, S. 458 ff. und 471 ff.

Rechtsanwendung zu achten, da die strafrechtlichen Normen auch hier nicht auf eine faktische Praxis, sondern auf die rechtlich erforderliche Praxis abzielen müssen. Etwa eine von der Exekutive erfundene Steuererklärungspflicht dürften wir auch bei der Steuerhinterziehung nicht im Wege der Auslegung strafbewehren. Abweichungen hiervon müsste der Strafgesetzgeber explizit offenlegen.

Für das TPG muss man meines Erachtens mit der herrschenden Lehre konstatieren, dass die Regelungen der §§ 10, 12 und 16 (a.F.) TPG keine hinreichende parlamentarische Grundlage für die hier verfügte Zuteilung von Lebenschancen ausmachen.[73] Ohne diese fehlt es etwa bei der Alkoholkarenz, aber auch überhaupt, an belastbaren Maßstäben, nach denen wir ein Organ einer Person zuordnen und einer anderen absprechen können. Haben wir diese Maßstäbe nicht und fehlt uns daher der notwendige rechtliche Zwischenschritt, Lebenschancen zuzuweisen, muss auch die Identifizierung strafrechtlich geschützter Tatopfer ausscheiden. Der MELD-Score ist deshalb für die Prüfung der Tötungsdelikte bis auf Weiteres kein hinreichender Bezugspunkt.

Lehnt man diese Sicht der Dinge ab, könnte man sodann aber jedenfalls hinterfragen, ob der BGH den Aspekt der Quasikausalität zutreffend aufgelöst hat.[74] Ich halte zwar ebenfalls die Frage für maßgeblich, ob die Organzuweisung und sodann eine Lebensverlängerung gerade infolge der Manipulation unterblieben ist. Allerdings mag man einwenden, dass der 5. Strafsenat zu Unrecht einen notwendigen Aspekt der Vollendungs*feststellung* mit dem notwendigen Inhalt des Tatvorsatzes verwechselt hat. Für den Vorsatz muss grundsätzlich kein sicheres Wissen der Tatverwirklichung bestehen, solange eine Absicht oder die billigende Inkaufnahme hinzutritt.[75] In der Sache müsste der BGH nun insbesondere für jedes unechte Unterlassungsdelikt die Vorstellung des Täters verlangen, gerade seine Unterlassung werde für die Verkürzung des Lebens des Opfers praktisch sicher den Ausschlag geben. Etwa der Autofahrer, der einen Radfah-

---

73 Zu dieser bereits mannigfaltig geäußerten Kritik zusf. etwa *Schroth/Hofmann* medstra 2018, 3, 7 f.
74 Zust. aber *Kraatz* NStZ-RR 2017, 329, 333 f.: sonst werde ein Verletzungsdelikt in ein Gefährdungsdelikt umgedeutet (was neben der Sache liegt); *Schroth/Hofmann* medstra 2018, 3, 10 f.; abl. hingegen etwa *Ast* HRRS 2017, 500, 501 f.; *Kudlich* NJW 2017, 3255, 3256. Offenere Maßstäbe (Erkenntnis der Todesgefahr und der Rettungsmöglichkeit) finden sich aber schon in BGH NStZ 2007, 469 f.; siehe auch bereits *Haas* HRRS 2016, 384, 395 f. und mwN NK/*Gaede* § 13 Rn. 20.
75 Dazu etwa mwN Matt/Renzikowski/*Gaede* § 15 Rn. 3 ff.; § 16 Rn. 19, 26 f. und 6.

rer nachts fahrlässig lebensgefährlich verletzt, und ihn sodann auf der Straße zugunsten seines Führerscheins liegen lässt, ließe sich nur dann verurteilen, wenn er sich vorgestellt hat, dass er selbst sicher noch helfen und damit eine Lebensverlängerung erreichen könne. Die Inkaufnahme des Todesfalles in der Vorstellung, dass die lebensverlängernde Rettung noch möglich sein könnte, dürfte nicht mehr für die Strafbarkeit genügen. Jedenfalls hat der Senat keine Gründe geliefert, die nur für den Kontext der Transplantationen eine Reduktion des Vorsatzmaßstabes bedingen. Es erscheint auch zweifelhaft, ob sich solche finden ließen. Da sich der 5. Strafsenat nicht notwendig in Übereinstimmung mit der Rechtsprechung anderer Senate befindet, die nicht zuletzt aus kriminalpolitischen Erwägungen anderer Auffassung sein könnten, ist die Ablehnung des Kenntniselements jedenfalls für den unmittelbar überholten Patienten schon für die Rechtsprechung nicht frei von jedem Zweifel.

Selbst wenn man die Rechtsprechung des 5. Strafsenates zum Kenntniselement zurückweisen sollte, lässt sich jedoch festhalten, dass die in der Sache herangezogenen Kenntnisstände der Transplantationsmediziner gewichtige Gründe liefern, das voluntative Element jeweils abzulehnen. Hier liegt der 5. Strafsenat unstreitig im Einklang mit der Rechtsprechung aller Strafsenate. Vor diesem Hintergrund dürfte sich, werden keine belastenden, zum Beispiel finanzielle Motive zusätzlich belegt, bei entsprechenden Feststellungen kaum ein Tatgericht berufen sehen, nicht nur das Kenntnis-, sondern auch das Willenselement für nachgewiesen zu halten.

III. Schwerpunkt zwei: Rationalisierungstendenz zum Abrechnungsbetrug?

Ich bin nun *römisch drittens* bei meinem zweiten Schwerpunkt angelangt. Ich möchte der Frage nachgehen, ob wir von belastbaren Rationalisierungstendenzen beim Abrechnungsbetrug ausgehen können.

Seit langem ist der Abrechnungsbetrug ein zentrales Feld der Verfolgungspraxis. Dafür gibt es viele und disparate Gründe. Über abgerechnete Luftleistungen hinaus ist nicht zuletzt vor dem Hintergrund des steigenden Rationalisierungsdrucks die Versuchung nicht gering, bei der Ertragsoptimierung Grenzen zu übertreten. Was aber wirklich ein *Abrechnungsbetrug ist*, und ob die Schwelle für die Einleitung von Verfahren nicht zu niedrig hängt, steht auf einem anderen Blatt:

Hier haben wir in den vergangenen Jahrzehnten eine Rechtsprechungstradition erlebt, die im Grunde bei allen möglichen Weggabelungen die Abzweigung hin zu einer Ausdehnung des Betruges genommen hat. Klassisch sind die Probleme um die Sozial- und Medizinrechtsakzessorietät beim Vermögensschaden, um die es mir heute bewusst nicht gehen soll.[76]

Aber etwa auch zur Täuschung haben die Gerichte ganz allgemein die Strategie verfolgt, den Betrug durch ein weitherziges Verständnis der konkludenten Täuschung über Tatsachen für neue Aufgaben fit zu machen. Der BGH nimmt an, dass jeder, der in einem rechtlich normierten Umfeld abrechnet, zugleich die Wahrung der einschlägigen Rechtsnormen garantiere.[77] So sind die Gerichte zur Täuschung über Tatsachen auch dort gelangt, wo sich klassische Tatsachenaussagen nicht finden ließen und die Auslegung der die Abrechnung regelnden Normen streitig war.

Ich selbst sehe gerade diese Entwicklung seit langem als durchgreifend problematisch an.[78] Ich habe aber nach jüngeren Entscheidungen den Eindruck, dass die Chancen für eine ausgewogenere Bemessung dieser Fallgruppe gerade im Gesundheitswesen gestiegen sind:

1. Täuschung und streitige Rechtsauffassungen

Sie ahnen, auf welche Entscheidung ich insbesondere zu sprechen kommen werde: auf den Beschluss des OLG Düsseldorfs vom 20. Januar 2017, mit dem es zur Abrechnung von tatsächlich erbrachten Speziallaborleistungen in Laborgemeinschaften eine einschränkende Linie vertreten hat.[79]

Es ging, wie in so vielen anderen Fällen auch, um § 4 Abs. 2 GOÄ und um die Frage, ab wann tatsächlich davon auszugehen ist, dass der betref-

---

76 Siehe dazu jüngst wieder bekräftigend BGH HRRS 2017 Nr. 975 – Rn. 51 ff.; zur eigenen Position bereits mwN *Gaede*, in: Fischer/Hoven u.a. (Hrsg.): Dogmatik und Praxis des strafrechtlichen Vermögensschadens (2015), S. 257 ff.
77 Kulminierend mwN BGHSt 57, 95, 101; mwN LK/*Tiedemann*, 12. Auflage (2011), § 263 Rn. 36 und 39.
78 Siehe bereits AnwK/*Gaede*, StGB, 2. Aufl. (2015), § 263 Rn. 28 f. und *Gaede*, Der Steuerbetrug, S. 89 ff.; siehe für das krit. Schrifttum auch *Dann*, AG Medizinrecht/ IMR, Brennpunkte des Arztstrafrechts, 2012, S. 31, 36 ff.; *Krawczyk* medstra 2016, 380, 382; *Ulsenheimer*, Arztstrafrecht in der Praxis, 5. Auflage, 2015, Rn. 1140; *Stirner*, Der privatärztliche Abrechnungsbetrug (2015), S. 92 f.
79 OLG Düsseldorf medstra 2017, 361 ff.

fende Arzt der erbrachten Leistung durch einen hinreichenden eigenen Arbeitsanteil ein „persönliches Gepräge" gibt, um somit der nötigen persönlichen Leistungserbringung zu entsprechen.[80]

Hier vertritt das Gericht zum einen, dass die Befugnis zur Abrechnung der Speziallaborleistungen des Abschnitts M III der GOÄ nicht schon deshalb entfällt, weil der Abrechnende weder einen Fachkundenachweis für Laboratoriumsmedizin noch eine Äquivalenzbescheinigung besitzt.[81]

Zum anderen und vor allem vertritt der Senat, dass eine falsche Tatsachenbehauptung im Sinne des Betruges in der mit der Rechnungslegung verbundenen Behauptung einer ärztlichen Leistungserbringung nur dort liegt, wo sie keinen Bezug zu tatsächlichen Vorgängen mehr aufweist, weil sie sich als Missachtung des eindeutigen und klaren Kernbereichs der in Bezug genommenen GOÄ-Norm darstellt.[82] Wenn die betreffende Vorschrift in ihren Randbereichen mehrdeutig sei, die Privatliquidation insoweit auf eine vertretbare Auslegung zurückgeführt werden könne, liegt nach Ansicht des Senats schon keine unwahre Tatsachenäußerung, sondern nur eine gestattete Rechtsausführung vor.[83] Den eindeutigen und klaren Kernbereich sieht das Gericht hier im Verbot einer Abrechnung von Speziallaboranalysen, bei denen sich die ärztliche „Mitwirkung" im bloßen „Einkauf" der Leistung unter Nutzung der Strukturen einer Laborgemeinschaft erschöpft. Auf der sicheren Seite steht damit ein Arzt, der Mitwirkungshandlungen erbringt, die über den bloßen Bezug der Laborleistung hinausgehen (hier: Zentrifugation sowie Erstbegutachtung der Proben in der eigenen Praxis, Validation des Untersuchungsergebnisses in den Räumlichkeiten der Laborgemeinschaft) und der sich demzufolge auf eine vertretbare Auslegung der GOÄ stützt.

Ich habe zwar persönlich Zweifel, ob die rechtstheoretischen Begrifflichkeiten des Kern- und des Randbereichs so weiterführend sind. Normen des Medizinrechts können, etwa bei einem Streit über ihren Zweck, bereits in Kernfragen mehrdeutig sein. In jedem Falle halte ich es aber ebenfalls für dringlich geboten, den Empfängerhorizont des Betruges auch im Bereich des Gesundheitswesens wieder zu objektivieren.[84] Die konkludente

---

80 OLG Düsseldorf medstra 2017, 361, 362 f. – Rn. 12 ff.
81 OLG Düsseldorf medstra 2017, 361, 363 – Rn. 14 ff.
82 OLG Düsseldorf medstra 2017, 361, 365 – Rn. 27 f.
83 OLG Düsseldorf medstra 2017, 361, 365 – Rn. 28.
84 Zur eigenen Position siehe insoweit schon AnwK/*Gaede* § 263 Rn. 28 f. und *Gaede*, Der Steuerbetrug, S. 89 ff. und 694 ff.

Täuschung kann und darf nicht als wohlfeiles Mittel der Kostendämmung im Gesundheitswesen eingesetzt werden. Wir müssen ernstnehmen, dass allein Tatsachenbehauptungen dem Betrug unterfallen. Um das Recht muss sich grundsätzlich der Rechnungsempfänger kümmern. Allein aus einem vielleicht wünschenswerten Vertrauen können wir nicht auf eine Tatsache zurückschließen, weil wir anderenfalls die vom Gesetz vorgeschriebene Notwendigkeit missachten, eine tatsächlich geschehene kommunikative Aussage festzustellen. Ferner müssen wir verhindern, dass wir die zunächst einmal vom Gesetzgeber herrührende Unsicherheit der Normauslegung unter dem Druck einer Strafdrohung einseitig den Leistungserbringern zuweisen.[85] Maßstab für einen ausgewogenen Empfängerhorizont muss zum einen die Vertretbarkeit einer Rechtsauffassung, zum anderen aber auch die eingetretene Klärung durch die Rechtsprechung sein.[86] Überdies können Täuschungen durch direkte Nachfragen entstehen.

Nun wissen wir, dass aus der Rechtsprechung eines OLG, in dem vielleicht die langjährige fruchtbare Arbeit des Düsseldorfer Instituts für Rechtsfragen der Medizin fortwirkt, noch lange keine Rechtsprechung des BGH werden muss.[87] Insoweit gibt es aber ein Indiz, das ich als Hoffnungsschimmer werten möchte. Der 2. Strafsenat hat sich in einem Urteil vom 10. Mai 2017, in dem es ebenfalls um den Vorwurf der fraudulösen Abrechnung von Speziallaborleistungen im Rahmen der Privatliquidation ging, auf das OLG Düsseldorf bezogen:[88]

Es ging hier um einen Freispruch, der von der Staatsanwaltschaft, nicht aber auch vom GBA angegriffen wurde. Der Freispruch in der Tatsacheninstanz ist dem Kollegen *Tsambikakis* gelungen, mit dem ich die Revision vor dem BGH sodann verteidigt habe. Ich erwähne das, damit Sie frei beurteilen können, ob vielleicht nur ich selbst diese Entscheidung bedeutsam finde.

Der Senat stützt sich in dieser Entscheidung als Teil seiner Ablehnung schon der Täuschung explizit auf die zentrale Randnummer der hier vor-

---

85 Hierzu bereits näher am Beispiel der Unsicherheiten, welche die Deutungsoffenheit des Steuerrechts in die Steuerhinterziehung hineinträgt, *Gaede*, Der Steuerbetrug, S. 694 ff., 705 f.
86 Näher auch hierzu bereits *Gaede*, Der Steuerbetrug, S. 712 ff., zur Rechtsprechung 718 ff.
87 Siehe hier nur die Zurückweisung der früheren Haltung des OLG Braunschweig zum „Organallokationsskandal" in BGH medstra 2017, 354, 360 – Rn. 61.
88 BGH medstra 2018, 42 ff.

gestellten Entscheidung des OLG Düsseldorf.[89] Darin liegt durchaus ein erstes Anzeichen, dass auch im Bundesgerichtshof – und seitens des ebenfalls in der mündlichen Verhandlung positiv auf das OLG Bezug nehmenden GBA – eine gewisse Bereitschaft besteht, dem Standpunkt des OLG und damit auch des kritischen Schrifttums näherzutreten.

Als vollständige, entscheidungserhebliche Übernahme der Rechtsprechung des OLG ist die Passage allerdings noch nicht zu bewerten. Dies hat folgenden Grund: Der BGH bezieht sich ebenso darauf, dass der Angeklagte des hiesigen Falles in einem der Abrechnung beigefügten Patienteninformationsblatt seine Rechtsauffassung zu den erforderlichen Abrechnungsgrundlagen und damit auch die Laborpraxis zum Ausdruck gebracht hat.[90]

Nicht ohne Wert ist auch dieser Entscheidungsaspekt. Er bekräftigt, dass die Strategie, den Streit über Abrechnungsvorschriften offen zu legen, ein Mittel sein kann, um den Vorwurf des Abrechnungsbetruges zu vermeiden. Dabei ist der Senat entgegen den Vorstellungen der Staatsanwaltschaft auch nicht der Einladung gefolgt, aus behaupteten Detailmängeln der Patienteninformation erneut wieder auf eine Täuschung zu schließen.[91]

2. Vorsatz

Erwähnenswert ist die angesprochene Entscheidung auch unter einem anderen Aspekt, nämlich unter dem Aspekt des Täuschungsvorsatzes. Wir alle wissen, dass eine Verteidigung, die einzig und allein auf die Ablehnung des Vorsatzes spekuliert, sozusagen auf „besonders" hoher See se-

---

[89] BGH medstra 2018, 42, 44 – Rn. 14: „Ungeachtet des Umstands, dass auf der Grundlage der Feststellungen bereits keine unwahre Tatsachenbehauptung vorliegt und damit das objektive Tatbestandsmerkmal der Täuschung über Tatsachen im Sinne von § 263 Abs. 1 StGB nicht erfüllt ist, weil der Angeklagte bei der Rechnungsstellung durch ausdrückliche Hinweise und die Beilegung des Beiblatts ‚Patienteninformation' seine Auffassung zum Ausdruck gebracht hat, die Erbringung von MIII-Leistungen stehe mit den Vorgaben von § 4 Abs. 2 GOÄ in Einklang (vgl. OLG Düsseldorf, Beschluss vom 20. Januar 2017 – III-1 Ws 482/15, juris Rn. 28), greifen die Einwendungen der Revision gegen die Beweiswürdigung zur subjektiven Tatseite nicht durch.".
[90] BGH medstra 2018, 42, 44 – Rn. 14.
[91] BGH medstra 2018, 42, 44 f. – Rn. 17 f.

gelt. Die dargestellte Problematik zur Täuschung und damit die Auswertung der medizinrechtlichen Vorfrage muss folglich die zentrale Verteidigungs- bzw. Nachweislinie ausmachen.

Gleichwohl halte ich es für immer wieder betonenswert, dass die ständige und im Medizinwirtschaftsstrafrecht besonders zu beobachtende Verrechtlichung vieler Fragen des Sachverhalts naturgemäß auch auf die Anforderungen an den Vorsatz zurückwirkt.[92] Wenn wir zur Begründung der Täuschung immer mehr auf normativierte Tatsachen abstellen, müssen wir auch zur Kenntnis nehmen, dass der Täter für den Vorsatz nicht mehr nur deskriptive Sachverhaltsaspekte aufnehmen und akzeptieren muss. Er muss vielmehr normative Inhalte in seine Vorstellung und in seine Entscheidung aufnehmen. Wer die Täuschung als normatives Tatbestandsmerkmal und damit die aufzunehmenden Tatsachen komplizierter gestaltet, darf sich über Vorsatzprobleme bei normativen Tatbestandsmerkmalen nicht wundern. Die anspruchsvollere Konstruktion des Tatbestandes macht Tatbestandsirrtümer, aber auch die Ablehnung eines *dolus eventualis* bei einem Vertrauen auf rechtliche Expertise wahrscheinlicher.

Nun weiß auch ich, dass dieser Gedanke von Staatsanwaltschaften und Gerichten nicht begeistert aufgenommen werden dürfte. Das zuletzt erwähnte Urteil des 2. Strafsenats betrifft jedoch einen Fall, in dem sich sowohl das Tatgericht als auch der BGH der Forderung verweigert hat, den Vorsatz allzu schnell zu unterstellen, um die Durchsetzungskraft des Sozial- und Medizinrechts zu unterstreichen.[93] Der BGH erkennt an, dass ein abrechnender Arzt, dem durchaus strengere Auslegungen des „persönlichen Gepräges" und eingeleitete Ermittlungsverfahren bekannt waren, den Fall, dass er zur Abrechnung der Speziallaborleistungen nicht berechtigt sein könnte, keineswegs billigend in Kauf genommen haben muss. Insbesondere die umstrittene, obergerichtlich noch nicht geklärte Rechtslage hat er hierfür ebenso wie eine Ausrichtung an Vorgaben von Ärztekammern als Indizien akzeptiert.

Mehr noch hat der BGH der Versuchung widerstanden, allzu schnell Fehler bei der Beweiswürdigung des Gerichts zu formulieren, um auf diese Art und Weise ein Bollwerk gegen die Ablehnung des Vorsatzes zu errichten. Etwa dem Argument der Staatsanwaltschaft, dass man für die subjektive Vorstellung auf eine bestimmte, strengere Auslegung der einschlä-

---

92 Siehe bereits mwN AnwaltK/*Gaede* § 263 Rn. 153 ff.
93 BGH medstra 2018, 42, 44 f. – Rn. 13 ff.

gigen Stellungnahme der Bundesärztekammer zur persönlichen Leistungserbringung hätte abstellen müssen, als sie der Angeklagte zugrunde gelegt hatte, folgte der Senat nicht.[94] Ebenso hat der Senat die Chance, bei nur geringem eigenen Arbeitsaufwand hohe Gewinne zu erzielen, nicht als besonders bedeutsames Indiz für eine Inkaufnahme aufgegriffen.[95] Er hat keine neuen Hürden für die Annahme eines Vorsatzausschlusses aufgestellt.

Nur erinnern möchte ich daran, dass auch schon der 5. Strafsenat vor einiger Zeit die Feststellung eines Tatbestandsirrtums vor dem Hintergrund streitiger rechtlicher Vorfragen in der Revision gehalten hat.[96]

3. Belastbarkeit

Sind diese, meines Erachtens positiven, Signale nun belastbar?

Ein gewisses bestätigendes Indiz möchte ich jedenfalls zum aktuellen Verfolgungsklima in der *Schottdorf-Entscheidung* des 1. Strafsenats des BGH vom 12. Juli 2017 erblicken. In diesem Verfahren, das Ihnen wahrscheinlich bekannt ist, hat der BGH den hier ebenfalls ergangenen Freispruch bestätigt.[97] Dabei ging es zwar nicht im Kern um Fragen der konkludenten Täuschung. Der BGH hat jedoch erneut in einem auch von rechtlichen Vorfragen geprägten Verfahren zum einen die Ablehnung des Täuschungsvorsatzes bestätigt, ohne den Bedarf zu sehen, vor einer allzu großzügigen Praxis zu warnen.[98] Zum anderen hat er die Maßstäbe der Erbringung von ärztlichen Leistungen in freier Praxis, die für die sozialversicherungsrechtliche Abrechenbarkeit entscheidend sind, mit dem Bundessozialgericht bestimmt.[99] Er hat es trotz der vorgeworfenen Schadenssumme von 79 Millionen Euro abgelehnt, in einem viel beachteten Großverfahren, nachträglich die Berechtigung einer letztlich doch forschen Strafverfolgung zum Beispiel über eine strafrechtsautonome oder doch vom Bundessozialgericht abweichende Lesart herbeizuführen. Die Tätigkeit in

---

94 BGH medstra 2018, 42, 44 – Rn. 17.
95 BGH medstra 2018, 42, 45 – Rn. 18.
96 Dazu BGH medstra 2015, 168, 170 ff. – Rn. 9 ff. und 174, 177 ff. – Rn. 27 ff.
97 BGH medstra 2018, 46 ff.
98 BGH medstra 2018, 46, 48 f. – Rn. 16.
99 Siehe § 32 I 1 ÄrzteZV gegenüber § 32b ÄrzteZV und BSGE 106, 222, 228 ff. – Rn. 33 ff.

„freier Praxis" wird nun auch im Strafrecht klar durch das getragene wirtschaftliche Risiko und die Beteiligung am wirtschaftlichen Erfolg der Praxis sowie durch eine ausreichende Handlungsfreiheit in beruflicher und persönlicher Hinsicht geprägt,[100] während es nicht auf eine Überbetonung der Eigentumslage an den genutzten Einrichtungen ankommt.[101] In tatsächlicher Hinsicht gelten insoweit auch im Freispruchsfall die allgemeinen Anforderungen an die Beweiswürdigung, nicht hingegen eine strengere Praxis zur Erhaltung der Sozialsysteme.

Als deutlich zupackender kann man demgegenüber die bereits erwähnte *Kick-Back-Entscheidung* des 5. Strafsenats des BGH empfinden.[102] Sie betrifft vornehmlich konkludente Täuschungen gegenüber den Krankenkassen bei der Verordnung von Kontrastmitteln, die sich auf die sozialversicherungsrechtlich unzulässige Gewährung wirtschaftlicher Vorteile im Zusammenhang mit dieser Verordnungstätigkeit bezieht. Konkret ist der streitbare Klassiker der Einnahmen aus einer gesellschaftsrechtlichen Beteiligung in einer allerdings recht deutlichen Konstellation betroffen. Auch diese Entscheidung bindet sich daran, für den Empfängerhorizont nur auf allgemein verbreitete, also nicht lediglich von einer Seite gehegte Erwartungen abzustellen.[103] Zum Täuschungs- und Schadensvorsatz begegnet die Entscheidung indes Bedenken, weil sie subjektive Fragen nur unter dem Aspekt des Verbotsirrtums anreißt. Die Frage, ob die Angeklagten aus einem bekannten Verstoß gegen das Verbot der Vorteilsgewährung gemäß § 128 Abs. 2 (Satz 3) SGB V[104] auch auf das Entfallen ihrer geltend gemachten Ansprüche geschlossen hatten, wird nicht näher dargelegt, vielmehr nur eine allgemeine Prognose des erkannten rechtswidrigen Handelns gestellt.[105] In der Gesamtschau finden sich zwar deutliche Indizien für den entsprechenden Vorsatz. Man wird der Entscheidung aber jedenfalls entnehmen können, dass sie den jüngeren Trend noch nicht auf die sozialrechtliche Abrechnung übertragen hat und eher neutral verbleibt. Jenseits der bisher allein behandelten Privatliquidation wird man daher

---

100 BGH medstra 2018, 46, 48 – Rn. 11 ff.
101 BGH medstra 2018, 46, 48 – Rn. 14 mit Verweis auf BSGE 106, 222, 232 Rn. 46 am Ende.
102 BGH HRRS 2017 Nr. 975; zu dieser Entscheidung scharf abl. *A. Schumann* HRRS 2017, 511 ff., die von „Strafwut" spricht.
103 BGH HRRS 2017 Nr. 975 – Rn. 44 f.
104 BGH HRRS 2017 Nr. 975 – Rn. 47.
105 Siehe etwa BGH HRRS 2017 Nr. 975 – Rn. 36 ff., dabei höchst problematisch Rn. 39 („Verbotsirrtum"); dagegen auch *A. Schumann* HRRS 2017, 511 f., 514 ff.

mindestens prüfen müssen, ob sich aus den Verbotsnormen des Sozialrechts für die Rechtsprechung Besonderheiten ergeben. Weitere Probleme liegen wieder beim Schadensmerkmal.[106]

Der eigentliche Test für eine dauerhafte ausgewogene Praxis zu Täuschung und Vorsatz dürfte aber aus einer anderen Richtung kommen. Die betroffenen Fragen stellen tatsächlich ein ubiquitäres Problem des Wirtschaftsstrafrechts dar, das sich immer dann ergibt, wenn Äußerungsdelikte, wie der Betrug oder die Steuerhinterziehung, von streitigen Vorfragen abhängen. Sowohl die Täuschungs- als auch die Vorsatzproblematik finden wir in diversen Kontexten auch jenseits des Gesundheitswesens vor. Besonders offensichtlich wird dies im Steuerrecht, bei dem es zu Hauf intrikate Vorfragen gibt, die für die Tathandlung und den Tatvorsatz herausfordernd wirken. Hier ist der Wunsch nach einer größeren Vorsicht bei der Subsumtion von Täuschung und Vorsatz im Wesentlichen noch graue Theorie.[107]

Langfristig denke ich deshalb, dass die jüngere, vorsichtigere Rechtsprechung als Sonderregel für das Gesundheitswesen doch auf etwas tönernen Füßen stehen würde. Ihr Schicksal wird auch davon abhängen, ob sich alle Senate des BGH darin finden können, die vorsichtigere Praxis mindestens zum Betrug des § 263 StGB ganz allgemein zu etablieren. Die guten Gründe hierfür sind im Schrifttum aber seit langem dargelegt. Und irgendwo müssen die Gerichte einmal anfangen, Übersteigerungen Schritt für Schritt abzubauen. Ich denke deshalb, dass wir für eine solche, nicht mehr chancenlose allgemeine Verbesserung der Rechtspraxis weiter streiten sollten.

---

[106] Siehe nochmals BGH HRRS 2017 Nr. 975 – Rn. 51 ff. und zur Strafzumessung Rn. 66: „Bei der Strafzumessung betreffend den Komplex „Kick-Back-Fälle" hat das Landgericht zutreffend in den Blick genommen, dass es sich bei dem insoweit verursachten Schaden eher um einen normativ geprägten handelt, weil die Krankenkassen grundsätzlich bereit waren, für verordnete Kontrastmittel den offiziellen Herstellerabgabepreis zu entrichten. In den Fällen der Bestellung von Übermengen hat sie hingegen ohne Rechtsfehler den hierdurch insgesamt verursachten Schaden der Strafzumessung zugrunde gelegt.".

[107] Zum aktuellen Stand der Rechtsprechung siehe hier BGHSt 37, 266, 283 ff. und vor allem BGH wistra 2000, 137, 138 ff., wonach es eine Pflicht des Erklärenden gibt, bei einer erkanntermaßen „objektiv zweifelhaften" Rechtslage die zugrunde liegenden Tatsachen den Finanzbehörden eigeninitiativ offen zu legen, zur Evaluation dieser Lehre mwN *Gaede*, Der Steuerbetrug, S. 694 ff.

IV. Fazit

Ich kann nun ein Fazit ziehen. Da ich sehr homogene Fragestellungen aufgegriffen habe und nicht alle Einzelthesen wiederholen kann, will ich nur Folgendes festhalten:

Aus meinem Überblick möchte ich betonen, dass wir in Fragen der ärztlichen Suizidassistenz respektive der Patientenautonomie an einem Scheideweg stehen. Den repressiven Ansatz des § 217 StGB hat nun auch das Bundesverwaltungsgericht in der Sache in Frage gestellt. Es wäre wohlbegründet, wenn unser Verfassungsgericht mindestens die Reichweite dieser Strafnorm im Gesundheitswesen nennenswert begrenzen würde.

Zu meinem ersten Schwerpunkt können wir die Entscheidung des Bundesgerichtshofs zur Organallokation in ihren Ergebnissen begrüßen. Sie repräsentiert einen skrupulösen Umgang mit dem Einsatz des Strafrechts, wenngleich Teile der Begründung noch Debatten auslösen dürften.

Für meinen zweiten Themenschwerpunkt, den Abrechnungsbetrug, hat das vergangene Jahr nennenswerte Rationalisierungs- und Begrenzungstendenzen gebracht. Es ist zu hoffen, dass sich diese fundierten Tendenzen in der Rechtsprechung ganz allgemein verfestigen.

Strafrechtliche Risiken rund um die Wahlleistungsvereinbarung[1]

Dr. Tilman Clausen

I. Die stationäre Abrechnung von Privatpatienten im Krankenhaus und das Strafrecht - Ausgangspunkt

Mit Beschluss vom 25.1.2012 hat der erste Strafsenat des Bundesgerichtshofs klargestellt, dass der normative Schadensbegriff aus dem Vertragsarztrecht auch bei der privatärztlichen Abrechnung nach Maßgabe der Gebührenordnung für Ärzte (GOÄ) Anwendung findet. Eine Täuschungshandlung liege in der Behauptung, zur Abrechnung berechtigt zu sein und dass die Rechtsvorschriften beachtet wurden, die Grundlage der Abrechnung sind. Auf Seiten des Rechnungsschuldners/ Rechnungsempfängers entstehe ein Irrtum dadurch, dass er an die Korrektheit und Rechtmäßigkeit der Abrechnung glaubt. Der Schaden entstehe durch die Zahlung des nichtgeschuldeten Honorars. Darauf, ob der Patient von der Behandlung profitiert hat, das heißt die Heilbehandlung Erfolg hatte, kommt es bei dieser Sichtweise nicht an.[2] Der Beschluss des BGH ist in der Rechtsliteratur ausgesprochen kritisch besprochen worden, gleichwohl wird man an ihm in der Praxis nicht vorbeikommen.[3] Schon aus den Überschriften der Aufsätze zu und Besprechungen der Entscheidung des BGH wurde deutlich, dass viele Autoren eine Ausweitung der Strafbarkeitsrisiken im Zusammenhang mit der Privatliquidation im Krankenhaus und im ambulanten Bereich befürchtet hatten.[4]

Neuere Entscheidungen aus der Praxis insbesondere im Zusammenhang mit Abrechnungen im Bereich der Laboratoriumsmedizin nach dem Ab-

---

1 Aktuelle Rechtsprechung bis Ende April 2018 wurde berücksichtigt.
2 Beschluss v. 25.1.2012, 1 StR 45/11, juris = GesR 2012, 286 - 296 = wistra 2012, 222 - 232 = ZMGR 2012, 214 - 225 = MedR 2012, 388 - 396.
3 *Geiger/Schneider*, GesR 2013, 7 - 12 (Entscheidungsbesprechung); *Weidhaas*, MedR 2015, 577 - 583; *Dann*, NJW 2012, 2001 - 2003; *Weidhaas*, ZMGR 2012, 225 - 229 (Anmerkung). Diese Aufzählung ist nicht abschließend.
4 So z.B. *Warntjen*, DÄ 2012, 1014 (Anmerkung).

schnitt M des Gebührenverzeichnisses zur GOÄ zeigen, dass dies nicht unbedingt so sein muss.

So geht das OLG Düsseldorf in einem Beschluss vom 20.1.2017 davon aus, dass die mit der Rechnungslegung verbundene Behauptung einer ärztlichen Leistungserbringung nur dort falsch sei, wo sie keinen Bezug zu tatsächlichen Vorgängen mehr aufweist, weil sie sich als Missachtung des eindeutigen und klaren Kernbereiches der in Bezug genommenen GOÄ-Norm darstelle. Sofern diese Vorschrift allerdings in ihren Kernbereichen mehrdeutig sein sollte und die Privatliquidation insoweit auf eine vertretbare Auslegung zurückgeführt werden könne, so enthalte sie keine unwahre Tatsachenbehauptung im Sinne von § 263 Abs. 1 StGB, sondern eine bloße Rechtsbehauptung der keine strafrechtliche Relevanz zukommt.[5] Das OLG Düsseldorf bestätigt hier eine vorangegangene Entscheidung des LG Düsseldorf, Beschluss v. 9.10.2015.[6] Gerade bei der Abrechnung von Laboratoriumsuntersuchungen bleiben insbesondere wegen unterschiedlicher Auffassungen in der Rechtsprechung und der Rechtsliteratur hinsichtlich der Auslegung der Gebührentatbestände die Hürden für eine strafrechtliche Verurteilung des Behandlers weiterhin hoch.[7]

Ausgehend von dieser Rechtsprechung kommt es somit bei der Abrechnung wahlärztlicher Leistungen im Krankenhaus im besonderen Maße auf den Wortlaut der in diesem Zusammenhang zu berücksichtigenden Vorschriften des Krankenhausentgeltgesetzes und der Gebührenordnung für Ärzte sowie der in diesem Zusammenhang ergangenen Rechtsprechung an. Je eindeutiger die gesetzliche Regelung und/oder die Rechtsprechung insbesondere des BGH, desto größer das Strafbarkeitsrisiko für die betroffenen Behandler.

---

5 OLG Düsseldorf, Beschluss v. 20.1.2017, 1 Bs 482/15, juris = GesR 2017, 181 - 185 = MedR 2017, 557 - 561 = medstra 2017, 361 - 365.
6 LG Düsseldorf, Beschluss v. 9.10.2015, 20 KLs 32/14, juris = medstra 2016, 108 - 121 = MedR 2016, 351 - 363.
7 Vgl. hierzu LG Köln, Urteil v. 7.4.2016, 118 KLs 6/13, juris = medstra 2016, 369 - 380; BGH, Urteil v. 10.5.2017, 2 StR 438/16, juris = MedR 2017, 958 - 960 = medstra 2018, 42 - 45.

II. Der rechtliche Rahmen der stationären Abrechnung bei Privatpatienten im Krankenhaus

Regelungen zur stationären Abrechnung von Privatpatienten im Krankenhaus finden sich zum einen im Krankenhausentgeltgesetz (hier insbesondere §§ 2 Abs. 1, 17 KHEntgG), der Gebührenordnung für Ärzte (§§ 4 Abs. 2, 5 Abs. 5 GOÄ) sowie im Gebührenverzeichnis zur GOÄ. Zu beachten ist die Auslegung des § 17 KHEntgG durch die Rechtsprechung des BGH. Die Frage, wer wahlärztliche Leistungen nach Abschluss einer Wahlleistungsvereinbarung abrechnen kann, bestimmt sich durch die Arbeitsverträge zwischen Wahlärzten und Krankenhausträgern sowie durch das Krankenhausentgeltgesetz.

1. Das System der Krankenhausaufnahmeverträge

Die Praxis unterscheidet zwischen drei Grundmodellen von Krankenhausaufnahme- bzw. Krankenhausbehandlungsverträgen.

a) Der totale Krankenhausaufnahmevertrag

Bei Abschluss eines totalen Krankenhausaufnahmevertrages tritt der vertragsschließende Patient allein zum Krankenhausträger in vertragliche Beziehungen. Der Krankenhausträger schuldet hier auf Grund eines gemischten Vertrages, der die Elemente eines Beherbergungs-, Miet-, Kauf-, Werk- und Dienstvertrages enthält, die gesamte notwendige Krankenhausbehandlung, definiert in § 2 KHEntgG im Allgemeinen und für sozialversicherte Patienten im Besonderen in § 39 SGB V. Die Vergütung der Leistungen des Krankenhausträgers erfolgt nach Maßgabe des DRG-Fallpauschalensystems. Eine privatärztliche Abrechnung nach Maßgabe der Gebührenordnungen für Ärzte oder Zahnärzte (GOÄ/GOZ) findet nicht statt.[8]

---

8 Laufs/Kern/*Genzel/Degener-Hencke*, 4. Aufl., § 89, Rn. 3; BGH NJW 1982, 706.

b) Der gespaltene Krankenhausaufnahmevertrag

Bei Abschluss eines gespaltenen Krankenhausaufnahmevertrages schuldet der Krankenhausträger dem Patienten die Krankenhausversorgung, das heißt die Unterbringung, Verpflegung, die Bereitstellung der erforderlichen technisch-operativen Einrichtungen, deren Benutzung, den Einsatz des nichtärztlichen Hilfspersonals, die organisatorische Sicherstellung ausreichender Anweisungen an den Pflegedienst und die Organisation des Einsatzes nachgeordneter Ärzte im Krankenhaus. Nicht zu den Leistungen des Krankenhauses gehört hier die ärztliche Versorgung, die ausschließlich von Seiten der Ärzte selbst erbracht wird und demnach gegenüber nicht sozialversicherten Patienten auch direkt nach der GOÄ/GOZ abgerechnet werden kann.[9]

c) Der totale Krankenhausaufnahmevertrag mit Arzt-Zusatzvertrag

Hier schuldet der Krankenhausträger dem Patienten sowohl die ärztliche Behandlung als auch die übrige Krankenhausbehandlung. Es gelten insoweit die gleichen Grundsätze wie beim totalen Krankenhausaufnahmevertrag (§ 2 KHEntgG). Daneben kann der Krankenhausträger andere als die allgemeinen Krankenhausleistungen als Wahlleistungen gegen gesonderte Bezahlung anbieten, wobei wiederum zwischen verschiedenen Formen von Wahlleistungen zu differenzieren ist. Wenn der Patient dieses Angebot des Krankenhausträgers annimmt, schließt er weitere vertragliche Vereinbarungen ab: Mit dem Krankenhausträger eine Wahlleistungsvereinbarung nach Maßgabe des § 17 KHEntgG, mit den Wahlärzten die sogenannten Arzt-Zusatzverträge (Behandlungsverträge), die diese Ärzte zur persönlichen Behandlung des Patienten im Kernbereich der wahlärztlichen Leistungen verpflichten, im Gegenzug wird der Patient zur Entrichtung eines zusätzlichen Honorars nach Maßgabe von GOÄ/GOZ verpflichtet. Die Wahlleistungsvereinbarung bedarf der Form des § 126 Abs. 2 S. 1 BGB, die Arzt-Zusatzverträge bedürfen keiner Form. Voraussetzung für die Ab-

---

9 HeidelbergKomm/*Bender*, 5485 Rn. 105 f.; Laufs/Kern/*Genzel/Degener-Hencke*, 4. Aufl., § 89, Rn. 12.

rechnung wahlärztlicher Leistungen ist der Abschluss einer wirksamen Wahlleistungsvereinbarung.[10]

2. Die Wahlleistungsvereinbarung

Der Abschluss einer wirksamen Wahlleistungsvereinbarung ist Voraussetzung für die Abrechnung von Wahlleistungen im Krankenhaus.

a) Rechtliche Regelungen der und im Zusammenhang mit der Wahlleistungsvereinbarung

Zu den Krankenhausleistungen nach § 1 Abs. 1 KHEntgG, die Krankenhausträger, die dem Krankenhausentgeltgesetz unterliegen, anbieten können, gehören neben den allgemeinen Krankenhausleistungen auch Wahlleistungen (§ 2 Abs. 1 KHEntgG). § 17 KHEntgG regelt die Voraussetzungen, unter denen Wahlleistungen angeboten werden können, welche Wahlleistungen nach dem Krankenhausentgeltgesetz angeboten werden können und die Möglichkeiten der Abrechnung wahlärztlicher Leistungen. Aus § 19 KHEntgG ergeben sich die von den Wahlärzten im Gegenzug für die Einräumung des Liquidationsrechts bei wahlärztlichen Leistungen an den Krankenhausträger zu zahlende Abgaben. Teilweise fehlt hier auch eine gesetzliche Regelung (Vorteilsausgleich).

Die §§ 4 Abs. 2, 5 Abs. 5 GOÄ regeln die Möglichkeit der Vertretung des Wahlarztes und die Delegation wahlärztlicher Leistungen außerhalb des Kernbereichs der wahlärztlichen Leistungen, worauf nachfolgend noch zurückzukommen sein wird.

Der rechtliche Rahmen für die Arbeit mit Wahlleistungsvereinbarungen in der Praxis wird im Übrigen wesentlich durch die Rechtsprechung des BGH bestimmt. Der BGH hat klargestellt, dass eine Wahlleistungsvereinbarung der Schriftform des § 126 Abs. 2 S. 1 BGB bedarf, was zuvor umstritten gewesen ist.[11]

---

10 *Biermann/Ulsenheimer/Weißauer*, MedR 2000, 107 ff. ; Laufs/Kern/*Genzel/Degener-Hencke*, 4. Aufl., § 89, Rn. 14 - 16; BGH NJW 1998, 1778.
11 BGH NJW 1998, 1778 = MedR 1998, 361; LG Tübingen MedR 1998, 473, 475; LG Hamburg MedR 1995, 333, 335.

Nach § 17 Abs. 2 KHEntgG muss der Patient vor Abschluss der Wahlleistungsvereinbarung über die Entgelte der Wahlleistungen und deren Inhalt im Einzelnen schriftlich unterrichtet werden. Was dies bedeutet hat der BGH in insgesamt vier Entscheidungen für die Vorläuferregelung des § 17 Abs. 2 KHEntgG, dem § 22 Abs. 2 Bundespflegesatzverordnung, der sich von der jetzigen Regelung nicht wesentlich unterscheidet, herausgearbeitet.[12] In einer weiteren Entscheidung aus dem Jahr 2007 hat der BGH den Grundsatz der persönlichen Leistungserbringung im Kernbereich der wahlärztlichen Leistungen konkretisiert und die Voraussetzungen, unter denen sich Wahlärzte im Kernbereich der wahlärztlichen Leistungen wirksam vertreten und gleichwohl abrechnen können.[13] Nachdem der Gesetzgeber mit dem Vertragsarztrechtsänderungsgesetz die Tätigkeit im stationären Bereich auch für niedergelassene Vertragsärzte grundsätzlich freigegeben hat, hat der BGH in einer Entscheidung aus dem Jahr 2014 klargestellt, dass Honorarärzten die Abrechnung wahlärztlicher Leistungen nicht offensteht.[14]

b) Arten der Wahlleistungen

§ 17 KHEntgG unterscheidet zwischen drei Formen von Wahlleistungen:

- Mit einer Vereinbarung über wahlärztliche Leistungen kauft sich der Patient in Sorge um seine Gesundheit die Leistungen besonders qualifizierter Ärzte gegen Entrichtung eines zusätzlichen Entgelts zu den allgemeinen Krankenhausleistungen hinzu. Damit korrespondiert eine Verpflichtung dieser besonders qualifizierten Ärzte (Wahlärzte) zur persönlichen Leistungserbringung im Kernbereich der wahlärztlichen Leistungen.[15] Der Patient wählt hier die Person des Behandlers.
- Bei der Vereinbarung nichtärztlicher Wahlleistungen kauft sich der Patient besondere Komfortleistungen gegen Entrichtung eines zusätzli-

---

12 BGH NJW 2004, 684 = MedR 2004, 264 = GesR 2004, 55; BGH MedR 2004, 442, 443 = GesR 2004, 39; BGH GesR 2004, 427 = VersR 2005, 120; BGH GesR 2005, 75 = VersR 2005, 121, 122.
13 BGH, Urteil v. 20.12.2007, III ZR 144/07, juris = NJW 2008, 87-989 = GesR 2008, 132-135.
14 BGH, Urteil v. 16.10.2014, III ZR 85/14, juris = ZMGR 2014, 414-417 = GesR 2014, 720-723.
15 BGH, Urteil v. 20.12.2007, III ZR 144/07, Rn. 7 mit weiteren Nachweisen, juris.

chen Entgelts hinzu, die über den Standard des Krankenhauses hinausgehen.
- Eine dritte Form von Wahlleistungen sind die sogenannten medizinischen Wahlleistungen gemäß § 17 Abs. 1 S. 2 KHEntgG. Der Patient kauft sich hier eine besondere Behandlungsmethode oder ein besonderes Medizinprodukt gegen Entrichtung eines zusätzlichen Entgelts hinzu, die nicht Gegenstand der allgemeinen Krankenhausleistungen sind. Medizinische Wahlleistungen müssen von Ärzten, psychologischen Psychotherapeuten oder Kinder- und Jugendlichenpsychotherapeuten erbracht werden. Nachdem lange Zeit umstritten war, ob es diese dritte Form von Wahlleistungen überhaupt gibt, dürfte dies nach einer zwischenzeitlich durch den BGH erfolgten Klarstellung nunmehr feststehen.[16] Die Frage, ob eine Vereinbarung medizinischer Wahlleistungen möglich ist, wird man im Einzelfall bestimmen müssen.

III. Strafrechtliche Risiken im Zusammenhang mit der Wahlleistungsvereinbarung

Strafrechtliche Risiken im Zusammenhang mit der Wahlleistungsvereinbarung sind in einer Vielzahl von Bereichen denkbar, was nachfolgend näher konkretisiert werden soll.

1. Vertragspartner der Wahlleistungsvereinbarung

Im Normalfall wird die Wahlleistungsvereinbarung zwischen einem Vertreter des Krankenhausträgers und dem Privatpatienten abgeschlossen, nachdem Wahlleistungen zu den Krankenhausleistungen gehören und somit Leistungen des Krankenhauses sind (§ 2 Abs. 1 S. 1 KHEntgG).

Daneben sind Sonderkonstellationen denkbar, wo mit zwei Wahlleistungsvereinbarungen gearbeitet wird: Eine Vereinbarung über wahlärztliche Leistungen, die regelmäßig zwischen dem Hauptbehandler und dem Patienten abgeschlossen wird und eine weitere Vereinbarung über nichtärztliche Wahlleistungen zwischen dem Krankenhausträger und dem Patienten. Dies ist zulässig, wenn im Rahmen des Aufnahmevertrages zwi-

---

16 BGH, Urteil v. 16.10.2014, III ZR 85/14, Rn. 21, juris.

schen Krankenhausträger und Patient vereinbart worden ist, dass nicht der Krankenhausträger sondern allein die Wahlärzte die wahlärztlichen Leistungen erbringen und diese gesondert berechnen. Auch in diesem Fall trete der Krankenhausträger dem Patienten bei dessen Aufnahme als Vertragspartner entgegen und biete ihm die freie Arztwahl als Wahlleistung an.[17]

Eine derartige Vertragsgestaltung erfolgt vor allem aus zwei Gründen:

- *Haftung*
  Die Wahlärzte haften hier für die wahlärztlichen Leistungen allein, was allerdings nur wirksam vereinbart werden kann, wenn dies drucktechnisch hervorgehoben wird.
- *Steuerrecht*
  Nach der Rechtsprechung des Bundesfinanzhofs beziehen angestellte Chefärzte mit den Einnahmen aus dem ihnen eingeräumten Liquidationsrecht für die gesondert berechenbaren wahlärztlichen Leistungen in der Regel Arbeitslohn, wenn die wahlärztlichen Leistungen innerhalb des Dienstverhältnisses erbracht werden. Chefärzte können wahlärztliche Leistungen selbstständig oder unselbstständig erbringen. Ob das eine oder andere im Einzelfall zutrifft, beurteile sich nach dem Gesamtbild der Verhältnisse, insbesondere danach, ob wahlärztliche Leistungen innerhalb oder außerhalb des Dienstverhältnisses erbracht werden. Will man eine Konstellation, bei der die Einnahmen des Chefarztes aus der Erbringung wahlärztlicher Leistungen einkommenssteuerpflichtig sind, darf der Chefarzt diese Einnahmen nicht im Rahmen der Dienstaufgaben sondern nur innerhalb einer genehmigten Nebentätigkeit erzielen, die Vereinbarung über wahlärztliche Leistungen sollte dann direkt mit dem Hauptbehandler abgeschlossen werden.[18]

Bei der Wahl der Vertragspartner der Wahlleistungsvereinbarung insgesamt erscheinen somit mehrere Konstellationen denkbar, ohne dass strafrechtliche Probleme zu befürchten sind. Die vorstehend angesprochenen Sonderkonstellationen finden sich bei Universitätskliniken und haben aktuell im Rahmen von Kooperationen zwischen niedergelassenen Ärzten und Krankenhausträgern an Bedeutung gewonnen.

---

17 BGH, Urteil v. 14.1.2016, III ZR 107/15, Rn. 23, zitiert nach juris mit weiteren Rechtsprechungshinweisen.
18 BFH ZMGR 2005, 365 - 367.

2. Vertragspartner einer Vereinbarung über wahlärztliche Leistungen

Nach § 17 Abs. 3 S. 1 KHEntgG erstreckt sich eine Vereinbarung über wahlärztliche Leistungen auf alle an der Behandlung des Patienten beteiligten angestellten oder beamteten Ärzte des Krankenhauses, soweit diese zur gesonderten Berechnung ihrer Leistungen berechtigt sind, einschließlich der von diesen Ärzten veranlassten Leistungen von Ärzten und ärztlich geleiteten Einrichtungen außerhalb des Krankenhauses. Das Gesetz unterscheidet somit zunächst zwischen angestellten und beamteten Ärzten des Krankenhauses, denen der Krankenhausträger das Liquidationsrecht gewährt hat (interne Wahlarztkette) und den von diesen veranlassten Leistungen von Ärzten und ärztlich geleiteten Einrichtungen außerhalb des Krankenhauses (externe Wahlarztkette). Das Merkmal „außerhalb des Krankenhauses" wird man entweder so verstehen müssen, dass die ärztliche Leistung in der externen Wahlarztkette tatsächlich oder nur „juristisch" außerhalb des Krankenhauses erfolgt, so zum Beispiel mit eigenen Geräten in von Seiten des Krankenhauses angemieteten Räumlichkeiten.[19]

Nach § 17 Abs. 3 S. 1 KHEntgG erstreckt sich eine Vereinbarung über wahlärztliche Leistungen somit allein auf liquidationsberechtigte Krankenhausärzte, die im Krankenhaus entweder angestellt oder dort als beamtete Ärzte tätig sind und denen von Seiten des Krankenhausträgers das Liquidationsrecht gewährt wurde sowie auf die von diesen veranlassten Leistungen von Ärzten und ärztlich geleiteten Einrichtungen außerhalb des Krankenhauses.[20] Die Vorschrift bildet ihrem Wortlaut nach und so wie sie offensichtlich auch von Seiten des BGH ausgelegt wird, die tatsächliche Realität in bundesdeutschen Krankenhaushäusern, die unter den Geltungsbereich des Krankenhausentgeltgesetzes fallen, nur teilweise ab. Hier ist zwischen folgenden Fallkonstellationen zu unterscheiden:

- Angestellte oder beamtete Krankenhausärzte mit Liquidationsrecht. Diese Konstellation findet man vor allem bei so genannten Altverträglern, in letzter Zeit aber auch vermehrt bei niedergelassenen Ärzten, die auf Teilzeitbasis im Krankenhaus angestellt werden, um dort zu operieren.
- Krankenhausärzte, die nur über eine Beteiligungsvergütung an den Einnahmen aus wahlärztlichen Leistungen verfügen.

---

19 BGH, Urteil v. 4.11.2010, III ZR 323/09, juris = BGHZ 187, 279.
20 So wohl auch BGH, Urteil v. 16.10.2014, III ZR 85/14, Rn. 20, zitiert nach juris.

Hier übt der Krankenhausträger das Liquidationsrecht aus.
- Der Krankenhausträger übt das Liquidationsrecht aus und die Wahlärzte des jeweiligen Krankenhauses sind allenfalls über Zielvereinbarungen an den Einnahmen aus der Abrechnung wahlärztlicher Leistungen beteiligt. Diese Fallkonstellation findet sich vor allem bei einem großen, bundesdeutschen privaten Krankenhauskonzern.

Nach dem Gesetzeswortlaut des § 17 Abs. 3 S. 1 KHEntgG wird nur die erste der vorstehend genannten drei Fallkonstellationen erfasst. Eine Vereinbarung über wahlärztliche Leistungen erstreckt sich unabhängig von der Frage, wem das Liquidationsrecht bei wahlärztlichen Leistungen zusteht, nach dem Wortlaut der genannten Vorschrift nicht auf den Krankenhausträger.[21] Sofern die erste und zweite Fallkonstellation vorliegen, müsse nach Meinung des AG Karlsruhe deshalb die Ausübung des Liquidationsrechts durch den Krankenhausträger extra vereinbart werden. § 2 Abs. 1 KHEntgG, wonach Wahlleistungen zu den Krankenhausleistungen gehören, reiche hier ebenso wenig aus, weil damit noch nichts über die Frage gesagt wird, wer das Liquidationsrecht ausüben darf, als auch § 17 Abs. 3 S. 2 KHEntgG, wo nur verschiedene Möglichkeiten der Abrechnung wahlärztlicher Leistungen geregelt sind, nicht aber die Ausübung des Liquidationsrechts selbst.[22] Man wird abwarten müssen, wie sich die zivilrechtliche Rechtsprechung hier entwickelt und ob daraus längerfristig auch strafrechtliche Risiken resultieren können. Der BGH sieht § 17 Abs. 3 KHEntgG inzwischen in ständiger Rechtsprechung als Patientenschutzvorschrift an.[23] Mit dem Zweck einer Patientenschutzvorschrift erscheint es schwerlich vereinbar, wenn aus der Wahlleistungsvereinbarung nicht hervorgeht, wem die Rechte aus den dort getroffenen Vereinbarungen zustehen, sodass Rückforderungsansprüche schon an formalen Voraussetzungen scheitern können.

3. Externe Wahlarztkette

Die Ärzte und ärztlich geleiteten Einrichtungen der externen Wahlarztkette werden auf Veranlassung der liquidationsberechtigten angestellten oder

---

21 AG Karlsruhe, Urteil v. 28.2.2017, 5 C 193/14, juris.
22 Ebd.
23 So zuletzt BGH, Urteil v. 16.10.2014, III ZR 85/14, juris.

beamteten Ärzte der internen Wahlarztkette tätig[24], sodass Krankenhausträger, die das Liquidationsrecht selbst ausüben, ausgehend von dem Wortlaut der Entscheidung des BGH die Leistungen der externen Wahlarztkette gar nicht veranlassen können, auch wenn sie sich dazu ihrer Wahlärzte als Erfüllungsgehilfen bedienen. Grundlage für das Tätigwerden der externen Wahlarztkette ist ein Vertrag zugunsten Dritter, den die Ärzte der internen Wahlarztkette in Vollmacht ihrer Patienten mit ihnen abschließen. Die Beauftragung muss von der dem Arzt der internen Wahlarztkette erteilten Vollmacht umfasst sein, anderenfalls sind zivilrechtliche und theoretisch auch strafrechtliche Probleme denkbar.[25]

Eine Vereinbarung wahlärztlicher Leistungen der externen Wahlarztkette im Rahmen von Kooperationsverträgen zwischen Krankenhausträgern und Ärzten und ärztlich geleiteten Einrichtungen außerhalb des Krankenhauses erscheint nicht möglich, wenn das Krankenhaus ärztliche Leistungen auslagert und diese zukünftig von den Ärzten mit eigenen Geräten in von Seiten des Krankenhauses angemieteten Räumlichkeiten erbracht werden, da die Leistungen der externen Wahlarztkette auf Veranlassung der liquidationsberechtigten Ärzte der internen Wahlarztkette erbracht werden müssen und nicht auf Veranlassung des Krankenhausträgers.[26]

Nach Auffassung des LG Stade in der oben zitierten Entscheidung ist bei einem Kooperationsvertrag zwischen einem externen Radiologen und einem Krankenhaus, das über keine radiologische Abteilung verfügt, weshalb der Arzt mit der Durchführung der radiologischen Untersuchung beauftragt wird, eine radiologische Untersuchung eines stationären Wahlleistungspatienten nicht nach § 17 KHEntgG, sondern nach § 2 Abs. 2 Nr. 2 KHEntgG zu vergüten, sodass hier keine wahlärztlichen Leistungen abgerechnet werden könnten. Dies würde unabhängig davon gelten, ob die Wahlleistungen des externen Radiologen durch den Krankenhausträger oder einen Arzt der internen Wahlarztkette veranlasst worden sind. Wenn das Krankenhaus über keine eigene Abteilung in der entsprechenden Fachrichtung verfügen würde, fehle es an Wahlmöglichkeiten, was Kennzeichen wahlärztlicher Leistungen sei. Es würde unabhängig davon, wer die Leistungen veranlasst, immer der externe Kooperationsarzt tätig, sodass es sich im Ergebnis um allgemeine Krankenhausleistungen im Sinne von § 2

---

24 BGH, Urteil v. 16.10.2014, III ZR 85/14, Rn. 20, zitiert nach juris.
25 Vgl. hierzu BGH, Urteile v. 4.1.2010, III ZR 173/09 und III ZR 188/09, zitiert nach juris.
26 Insoweit zutreffend LG Stade, MedR 2016, 280 - 282.

Abs. 2 Nr. 2 KHEntgG handeln würde.[27] Bei seiner Rechtsauffassung verkennt das LG Stade allerdings den Unterschied zwischen den Leistungen der internen und der externen Wahlarztkette. Der Privatpatient, der eine Vereinbarung über wahlärztliche Leistungen abschließt, kauft sich damit die Leistungen besonders qualifizierter Ärzte der internen Wahlarztkette, die in der Wahlleistungsvereinbarung genannt werden sollten, in Sorge um seine Gesundheit gegen Entrichtung eines zusätzlichen Entgelts zu den allgemeinen Krankenhausleistungen hinzu. Damit korrespondiert eine Verpflichtung dieser Ärzte zur persönlichen Leistungserbringung im Kernbereich der wahlärztlichen Leistungen, der je nach Fachrichtung unterschiedlich definiert wird, nicht aber bei allen wahlärztlichen Leistungen, insbesondere nicht bei Nebenleistungen.[28] Die Vereinbarung über wahlärztliche Leistungen wird somit im Hinblick auf die besondere Qualifikation der Ärzte der internen Wahlarztkette geschlossen, zumal das Tätigwerden eines Arztes der externen Wahlarztkette bei Abschluss der Wahlleistungsvereinbarung noch gar nicht feststeht, weshalb diese im Rahmen der Wahlleistungsvereinbarung grundsätzlich auch nicht namentlich benannt werden (vgl. hierzu auch §§ 4 Abs. 2, 5 Abs. 5 GOÄ). Auf die besondere Qualifikation des Arztes der externen Wahlarztkette bzw. die Möglichkeit des Wahlleistungspatienten ggf. unter mehreren externen Wahlärzten auswählen zu können, kommt es nicht an, da es sich bei den Leistungen der Ärzte der externen Wahlarztkette nur um Nebenleistungen handelt, was das LG Stade verkennt.[29]

Die Ausgliederung von Krankenhausleistungen und die weitere Zusammenarbeit mit dem ausgegliederten Bereich im Rahmen von Kooperationsverträgen dürfte allerdings dann zu Problemen führen, wenn es sich um keine Nebenleistungen handelt. Das BSG hat mit Urteil vom 19.9.2013, B 3 KR 8/12 R, entschieden, dass die vollständige Ausgliederung des Heilmittelbereichs eines Krankenhauses der Allgemeinversorgung auf eine rechtlich selbstständige Einrichtung erheblichen rechtlichen Bedenken begegnet, wenn nach dem Versorgungsauftrag des Krankenhauses regelmäßig zur Krankenhausbehandlung auch Heilmittel erforderlich werden. Aus den Entscheidungsgründen wird deutlich, dass das BSG auch ein überwiegendes oder gar vollständiges Outsourcing von wesentlichen ärztlichen

---

27 Ebd.
28 BGH, Urteil v. 20.12.2007, III ZR 144/07; BGH, Urteil v. 16.10.2014, III ZR 85/14, jeweils zitiert nach juris.
29 So im Ergebnis auch *Dahm*, Anmerkung zu LG Stade, MedR 2016, 282 - 284.

Leistungen nicht als zulässig ansieht.[30] Diese Rechtsprechung des BSG würde im Ergebnis dazu führen, dass die outgesourcten ärztlichen Leistungen nicht als allgemeine Krankenhausleistungen über § 2 Abs. 2 S. 2 Nr. 2 KHEntgG abrechenbar sind, was auch Kooperationen im Zusammenhang mit der Abrechnung wahlärztlicher Leistungen enge Grenzen setzen würde. Wahlärztliche Leistungen können nur neben allgemeinen Krankenhausleistungen abgerechnet werden (§ 17 Abs. 1 S. 1 KHEntgG). Die Grenzen hinsichtlich des Einsatzes der externen Wahlarztkette wird man im Einzelfall ermitteln müssen. Hier sind sowohl zivilrechtliche als auch strafrechtliche Konsequenzen grundsätzlich denkbar.

4. Das Liquidationsrecht bei wahlärztlichen Leistungen

Im Rahmen der Entscheidung vom 16.10.2014 stellt der BGH klar, dass sich eine Vereinbarung wahlärztlicher Leistungen nach dem eindeutigen Wortlaut des § 17 Abs. 3 S. 1 KHEntgG auf angestellte und beamtete Krankenhausärzte erstreckt, denen der Krankenhausträger das Liquidationsrecht eingeräumt hat; die Vorschrift sei eine abschließende Regelung.[31] Gleichwohl ist die Realität in der Praxis eine andere. Dort finden sich zwischenzeitlich vielfältige Gestaltungsformen hinsichtlich der Ausübung des Liquidationsrechts bei wahlärztlichen Leistungen (vgl. hierzu II 2).

Die Frage, wer jeweils berechtigt ist, das Liquidationsrecht bei wahlärztlichen Leistungen auszuüben, ist in der Rechtsliteratur und der Rechtsprechung umstritten. Die überwiegende Meinung der Rechtsliteratur und die deutsche Krankenhausgesellschaft (DKG) sehen die Ausübung des Liquidationsrechts durch den Krankenhausträger als völlig unproblematisch an, wobei zur Begründung, sofern dies nicht als selbstverständlich vorausgesetzt wird, auf die §§ 2 Abs. 1, 17 Abs. 3 S. 7 KHEntgG verwiesen wird. Nach § 2 Abs. 1 KHEntgG gehören die Wahlleistungen unstreitig zu den Krankenhausleistungen und sind damit Leistungen des Krankenhauses. § 17 Abs. 3 S. 7 KHEntgG soll diejenige Fallkonstellation regeln, wo das Liquidationsrecht durch den Krankenhausträger ausgeübt wird. Hier sollen die Gebührenordnungen für Ärzte und Zahnärzte (GOÄ und GOZ) entsprechend angewendet werden. An dieser Rechtsauffassung wird von

---

[30] BSG, Urteil v. 19.9.2013, B 3 KR 8/12 R, Rn. 31, zitiert nach juris.
[31] BGH, Urteil v. 16.10.2014, III ZR 85/14, Rn. 19, zitiert nach juris.

Teilen der Rechtsliteratur Kritik geübt. Dort wird unter anderem darauf verwiesen, dass § 2 Abs. 1 KHEntgG zwar bestimmt, dass die Wahlleistungen zu den Krankenhausleistungen gehören, nicht aber, wer das Liquidationsrecht ausüben darf. Dies wird erst in § 17 Abs. 3 KHEntgG geregelt, wo in diesem Zusammenhang von dem Krankenhausträger ausdrücklich keine Rede ist. § 17 Abs. 3 S. 7 KHEntgG sei nicht dazu da, das Liquidationsrecht des Krankenhausträgers zu regeln, sondern die in § 17 Abs. 3 S. 2 KHEntgG vorgesehene Fallkonstellation, dass der Wahlarzt die Abrechnung der wahlärztlichen Leistung Dritten überlässt bzw. seine Honoraransprüche an diese abtritt. Die Tatsache, dass dem Krankenhausträger das Liquidationsrecht nicht zusteht, ergebe sich im Übrigen auch aus der Nummer 3 der allgemeinen Bestimmungen zu Abschnitt M des Gebührenverzeichnisses zur GOÄ (Laboratoriumsuntersuchungen).[32]

Die Rechtsprechung hat sich mit der Frage, wem das Liquidationsrecht bei wahlärztlichen Leistungen zusteht, zunächst nur vereinzelt befasst. In einer Entscheidung aus dem Jahr 2005 hat das AG Oldenburg die Ausübung des Liquidationsrechts durch den Krankenhausträger als zulässig angesehen, gleichzeitig aber in den Urteilsgründen deutlich gemacht, dass man dies auch anders sehen könne und deshalb die Berufung zum Landgericht zugelassen, die nicht eingelegt wurde.[33] Auch das Landgericht München sah die Ausübung des Liquidationsrechts durch den Krankenhausträger als zulässig an, hat dann aber gerade wegen dieser Rechtsfrage die Revision zum BGH zugelassen, die zu keiner Entscheidung geführt hat, da es auf diese Frage aus Gründen des Einzelfalls nicht ankam.[34]

Der BGH hat sich zu der Frage, wem das Liquidationsrecht bei der Erbringung wahlärztlicher Leistungen zusteht, bislang nicht abschließend geäußert. In seiner Entscheidung vom 16.10.2014 hat der BGH festgestellt, dass § 17 Abs. 3 S. 1 KHEntgG den Kreis der liquidationsberechtigten Wahlärzte abschließend festlegt. Der Krankenhausträger wird dort nicht benannt. Die Vorschrift sei eine dem Schutz des Privatpatienten dienende zwingende preisrechtliche Norm, weshalb von ihr auch nicht durch

---

32 Zum Meinungsstand vgl. *Clausen*, Das Liquidationsrecht bei wahlärztlichen Leistungen, Ein Privileg nur für Chefärzte, MedR 2006, 655 - 658; Weth/Thomae/Reichholdt/*Wern*, 2. Aufl., 477 ff. mit weiteren Nachweisen.
33 AG Oldenburg, Urteil v. 3.3.2005, E 6 V 659/04 VI; die Entscheidung wurde nicht veröffentlicht.
34 LG München, MedR 2015, 683 - 685; BGH ZMGR 2016, 169 - 173 = MedR 2016, 724 - 728.

eine individuelle Vergütungsabrede abgewichen werden könne. Leistungen der externen Wahlarztkette könnten nur von liquidationsberechtigten Ärzten der internen Wahlarztkette veranlasst werden.[35] In seiner Entscheidung vom Januar 2016 hat der BGH die Frage, wem das Liquidationsrecht bei wahlärztlichen Leistungen zusteht, ausdrücklich offengelassen, weil er dies nicht entscheiden musste, da der Kläger in diesem Rechtsstreit den Wahlarzt auf Rückzahlung von wahlärztlichen Honorar verklagt hatte, obwohl diesem Arzt gar kein Liquidationsrecht zustand, er somit auch nichts erlangt hatte. Auf ein obiter dictum wurde ausdrücklich verzichtet.[36]

Die Frage, wem das Liquidationsrecht bei wahlärztlichen Leistungen zusteht, ist zunächst eine zivilrechtliche Frage, die der Entscheidung der ordentlichen Gerichte bedarf. Nachdem hier zwei verschiedene Auffassungen existieren, die beide gute Gründe für sich haben, dürften strafrechtliche Konsequenzen kaum zu erwarten sein (vgl. hierzu die Ausführungen unter I).

5. Persönliche Leistungserbringung bei wahlärztlichen Leistungen

Die Anforderungen an die persönliche Leistungserbringung bei wahlärztlichen Leistungen ergeben sich sowohl aus dem Gesetz als auch aus der Rechtsprechung.

a) Grundzüge

Der BGH geht in ständiger Rechtsprechung davon aus, dass sich der Patient, der eine Vereinbarung über wahlärztliche Leistungen abschließt, die Leistungen besonders qualifizierter Ärzte, der Wahlärzte, gegen Entrichtung eines zusätzlichen Entgelts neben den allgemeinen Krankenhausleistungen in Sorge um seine Gesundheit hinzukauft. Damit korrespondiert eine Verpflichtung des Wahlarztes zur persönlichen Leistungserbringung im Kernbereich der wahlärztlichen Leistungen, zu dem bei operativ tätigen Wahlärzten die Operation gehört, die diese grundsätzlich selbst durchführen müssen, wenn sie die wahlärztlichen Leistungen abrechnen wol-

---

35 BGH, Urteil v. 16.10.2014, III ZR 85/14, Rn. 20, 23, zitiert nach juris.
36 BGH, ZMGR 2016, 169 - 173 = MedR 2016, 724 - 728.

len.[37] Über den Bereich der operativen Leistungen hinaus wird der Kernbereich der wahlärztlichen Leistungen bislang durch die Rechtsprechung des BGH nicht näher definiert, dies bleibt vielmehr den Instanzgerichten überlassen. Innerhalb des Kernbereichs gilt § 4 Abs. 2 S. 1 GOÄ, das heißt der Wahlarzt muss die Leistungen entweder selbst erbracht haben oder sie müssen unter seiner Aufsicht nach fachlicher Weisung erbracht worden sein, wenn er sie als wahlärztliche Leistungen abrechnen will.

Die Tatsache, dass im Kernbereich der wahlärztlichen Leistungen durch den Wahlarzt auch solche Leistungen abrechenbar sind, die unter seiner Aufsicht nach fachlicher Weisung erbracht wurden, ergibt sich aus der Instanzrechtsprechung. Für den Bereich der Psychiatrie/Psychotherapie/Psychosomatik wird auf die Urteile des OLG Celle vom 15.6.2015 verwiesen.[38] Für den Bereich der operativ tätigen Wahlärzte bestätigt dies zwischenzeitlich eine aktuelle Entscheidung des OLG Hamm. Danach reicht die bloße Anwesenheit des Wahlarztes im Operationssaal nicht aus, um die wahlärztlichen Leistungen abrechnen zu können, da der in dem dort entschiedenen Fall die Anästhesieleistungen durchgeführt hat und somit auf die Operation keinen Einfluss nehmen konnte. Hätte der Wahlarzt Einfluss auf die Operation ausüben können, weil er mit am Operationstisch stand und jederzeit hätte eingreifen können, hätte das OLG Hamm wohl eine Leistung unter Aufsicht nach fachlicher Weisung angenommen, sodass es beim Liquidationsrecht des Wahlarztes geblieben wäre.[39]

Außerhalb des Kernbereichs der wahlärztlichen Leistungen gilt zunächst § 4 Abs. 2 S. 3 GOÄ. Dort sind eine Reihe von ärztlichen Leistungen aus dem Gebührenverzeichnis zur GOÄ aufgeführt, die der Wahlarzt auch dann abrechnen kann, wenn er sie nicht selbst erbracht hat, an seiner Stelle aber der bei Abschluss der Wahlleistungsvereinbarung benannte ständige ärztliche Vertreter des Wahlarztes tätig war, der Facharzt desselben Gebiets sein muss. Von Teilen der Rechtsprechung wird hier die Auffassung vertreten, dass § 4 Abs. 2 S. 3 GOÄ keine ausdrückliche gesetzliche Regelung für die Vertretung des Wahlarztes außerhalb des Kernbereich der wahlärztlichen Leistungen enthält, bei deren Vorliegen der Wahlarzt auch die ärztlichen Leistungen seines ständigen ärztlichen Vertreters abrechnen kann, sondern dass auch hier eine ausdrückliche Vertretungsre-

---

37 BGH, Urteile v. 20.12.2007, 16.10.2014 und 19.4.2018, III ZR 144/07, III ZR 85/14 und III ZR 255/17, zitiert nach juris.
38 OLG Celle, Urteile v. 15.6.2015, 1 U 97/14 und 1 U 98/14, zitiert nach juris.
39 OLG Hamm, Urteil v. 15.12.2017, 26 U 74/17 = GesR 2018, 170 - 171.

gelung notwendig ist.[40] Für diese Rechtsauffassung enthält das Gesetz jedoch keine Anhaltspunkte. Es ist vielmehr davon auszugehen, dass der Gesetzgeber hier die Vertretung des Wahlarztes außerhalb des Kernbereichs der wahlärztlichen Leistungen ausdrücklich erlaubt hat.

Leistungen des Basislabors (M II GOÄ) können Wahlärzte auch dann abrechnen, wenn sie nur fachliche Weisungen erteilt haben, sofern die Abrechnungsvoraussetzungen der Vorschrift im Übrigen vorliegen.

Leistungen des Abschnitts E der Gebührenverzeichnisses zur GOÄ kann der Wahlarzt auch an Pflegepersonal delegieren und gleichwohl abrechnen, wenn er oder sein ständiger ärztlicher Vertreter über die Zusatzbezeichnung „Physikalische Therapie" oder die Gebietsbezeichnung „Facharzt für physikalische und rehabilitative Medizin" verfügen und die Leistungen unter ihrer Aufsicht nach fachlicher Weisung erbracht werden (§ 4 Abs. 2 S. 4 GOÄ). Die Frage, welche Anforderungen an das Merkmal „unter Aufsicht nach fachlicher Weisung" gestellt werden müssen, ist umstritten. Teilweise wird vertreten, dass der Wahlarzt oder sein ständiger ärztlicher Vertreter das Behandlungskonzept entwerfen und im Rahmen ihrer Visiten überprüfen müssen, teilweise wird die Auffassung vertreten, dass der Wahlarzt oder sein ständiger ärztlicher Vertreter bei der Leistungserbringung anwesend sein müssen.[41]

Nach § 5 Abs. 5 GOÄ kann der Wahlarzt auch wahlärztliche Leistungen abrechnen, die nicht von ihm oder seinem ständigen ärztlichen Vertreter erbracht worden sind. Welche wahlärztlichen Leistungen dies seins sollen, ergibt sich aus der Vorschrift selbst nicht. Auch in der Kommentarliteratur findet sich hierzu keine Definition. Man wird den Anwendungsbereich von § 5 Abs. 5 GOÄ wohl nur negativ definieren können, indem man die Leistungen, die in den Anwendungsbereich der Vorschrift fallen, dahingehend definiert, dass es sich um Leistungen handeln muss, die nicht in den Kernbereich der wahlärztlichen Leistungen und nicht unter § 4 Abs. 2 GOÄ fallen.

---

40 OLG Celle, Urteile v. 15.6.2015, 1 U 97/14 und 1 U 98/14, juris.
41 Für die erste Auffassung LG Münster, Urteil v. 15.12.2005, 11 S 4/05; für die zweite Auffassung LG Hannover, Urteil v. 27.3.2008, 19 S 73/07; beide Entscheidungen wurden nicht veröffentlicht.

b) Der Kernbereich der wahlärztlichen Leistungen

Der Kernbereich der wahlärztlichen Leistungen wird je nach Fachrichtung unterschiedlich definiert.

aa. Operative Fächer

Bei operativen Fächern beinhaltet der Kernbereich der wahlärztlichen Leistungen die Erbringung der Operationen durch den Wahlarzt.[42] Diese Rechtsprechung hat der BGH in seinem Urteil vom 20.12.2007, wonach der Wahlarzt die seine Disziplin prägende Kernleistung persönlich und eigenhändig erbringen muss, bestätigt. Insbesondere müsse der als Wahlarzt verpflichtete Chirurg die geschuldete Operation grundsätzlich selbst durchführen.[43]

Der Wahlarzt, dem wegen einer Hepatitis B-Infektion ein Operationsverbot auferlegt worden ist, kann ohne Vertretungsvereinbarung einen operativen Eingriff auch dann nicht abrechnen, wenn er während der Operation anwesend war und dem operierenden Oberarzt Anweisungen bezüglich der Durchführung der Operation gegeben hat, da er wegen des Operationsverbots nicht in der Lage war, bei Komplikationen unverzüglich eingreifen zu können.[44] Gleiches gilt, wenn der für die Operation zuständige Wahlarzt zwar im Operationssaal anwesend ist, jedoch nicht eingreifen kann, weil er gleichzeitig die Anästhesie durchführt.[45] eine Leistungserbringung unter Aufsicht nach fachlicher Weisung liegt in beiden Fällen nicht vor. Der Wahlarzt kann zwar fachliche Weisungen erteilen, aber nicht die Aufsicht ausüben, weil dazu auch gehören würde, ggf. Eingreifen zu können, damit die Operation in der Qualität durchgeführt wird, für die der Patient eine gesonderte Vergütung bezahlt.

---

42 OLG Stuttgart, MedR 1995, 320; LG Aachen, VersR 2002, 195; LG Bonn, Urteil v. 4.2.2004, 5 S 207/03; *Liebach/Patt*, NJW 2000, 3377, 3397.
43 BGH, Urteil v. 20.12.2007, III ZR 144/07, juris = BGHZ 175, 176 = BGH NJW 2008, 987 = MedR 2008, 155.
44 LG Köln, Urteil v. 14.5.2003, 25 O 80/03, juris.
45 OLG Hamm, Urteil v. 15.12.2017, 26 U 74/17, juris = GesR 2018, 170-171.

bb. Anästhesie

Hier ist die Rechtsprechung nicht eindeutig. Grundsätzlich wird man davon ausgehen müssen, dass der Wahlarzt für Anästhesie in der präoperativen Phase persönlich tätig werden muss, indem er die erforderlichen Untersuchungen des Patienten und die Prämedikation durchführt, die Anamnese durch fachspezifische Fragen ergänzt, dass Anästhesieverfahren und die zur Anwendung gelangten Anästhesiemittel auswählt und ggf. auch das Aufklärungsgespräch mit dem Patienten durchführt. Auch die Ein- und Ausleitung der Narkose dürfte Sache des Wahlarztes für Anästhesie sein, während er sich dazwischen durchaus vertreten lassen kann.[46]

cc. Konservative Fächer

Hier ist die Rechtsprechung insbesondere im Bereich von Psychiatrie, Psychotherapie und Psychosomatik uneinheitlich. Das OLG Hamm hatte 1995 die Auffassung vertreten, dass der Chefarzt einer Klinik für Psychiatrie und Psychotherapie bei einer psychiatrischen/psychotherapeutischen teilstationären Behandlung seine persönliche Leistungsverpflichtung erfüllt, wenn er das Therapieprogramm entwickelt oder vor Behandlungsbeginn persönlich überprüft, ferner den Verlauf der Behandlung engmaschig überwacht und die Behandlung nötigenfalls jederzeit beeinflussen kann. Er sei dagegen nicht verpflichtet, jeden einzelnen Behandlungsschritt persönlich durchzuführen.[47] Diese sehr weitgehende Rechtsauffassung des OLG Hamm wurde von der Instanzrechtsprechung in den darauffolgenden Jahren immer mehr eingeschränkt. Nach Auffassung des OLG Köln kann der Wahlarzt, der einer Abteilung für Psychiatrie und Psychotherapie vorsteht, von ihm angeordnete Behandlungsmaßnahmen wie die Teilnahme am Morgenlauf, Beschäftigungs- und Ergotherapie, Gymnastik, Entspannungstraining und Gespräche in der Depressionsgruppe nicht als eigene Leistungen nach Maßgabe der Ziffern 846 und 847 GOÄ abrechnen, wenn er deren Durchführung vollständig an nichtärztliches Krankenhauspersonal delegiert hat. Zur Begründung verwies das OLG Köln auf die Vorläuferregelung des § 17 Abs. 1 S. 2 KHEntgG, den § 22 Abs. 2 Bundespflege-

---

[46] OLG Celle, NJW 1982, 2129; AG Charlottenburg, RuS 1999, 35; LG Hamburg, NJW 2001, 3415.
[47] OLG Hamm, NJW 1995, 2420.

satzverordnung.[48] Dabei hat das OLG Köln jedoch verkannt, dass sich § 22 Abs. 1 S. 2 Bundespflegesatzverordnung und die Nachfolgeregelung des § 17 Abs. 1 S. 2 KHEntgG nicht auf ärztliche Wahlleistungen beziehen, was der BGH zwischenzeitlich klargestellt hat.[49] Das OLG Oldenburg hat in einer Entscheidung aus dem Jahr 2011 die Anforderung an die persönliche Leistungserbringung dann noch weiter verschärft. Zur Erfüllung der Verpflichtung aus dem Wahlarztvertrag ist es nach Meinung des OLG erforderlich, dass der Chefarzt in diesem Bereich durch sein eigenes Tätigwerden der wahlärztlichen Behandlung sein persönliches Gepräge gibt. Dadurch, dass der Chefarzt einer psychiatrischen Klinik in täglichen Teamsitzungen die Behandlung supervidiert, werden die eigenverantwortlich durch Dritte durchgeführten Behandlungsmaßnahmen nach Meinung des Senats nicht zu eigenen Leistungen des Chefarztes. Im Übrigen schließt sich das OLG Oldenburg der Auffassung des OLG Köln zu § 17 Abs. 1 S. 2 KHEntgG an, die durch die neuere BGH Rechtsprechung inzwischen überholt sein dürfte.[50]

Derzeit dürfte sich die Praxis an zwei Entscheidungen des OLG Celle vom 15.6.2015, 1 U 97/14 und 1 U 98/14[51] orientieren. Danach gibt der Wahlarzt für psychosomatische Medizin der Behandlung des Wahlleistungspatienten auch dann das persönliche Gepräge, wenn er das Therapiekonzept auf Grund eigener Anschauungen des Patienten entwickelt, regelmäßig durch die Durchführung von Einzeltherapien an der Behandlung beteiligt ist und im Übrigen die Behandlung im Rahmen von Teambesprechungen und Supervisionen regelmäßig überwacht, um jederzeit eingreifen und die Behandlung steuern zu können. Hier kann der Wahlarzt grundsätzlich sämtliche Behandlungsmaßnahmen als wahlärztliche Leistungen abrechnen, auch wenn er sie nicht selbst erbracht hat, die Behandlungsleistungen vielmehr unter seiner Aufsicht nach fachlicher Weisung erbracht worden sind.

---

48 OLG Köln, MedR 2009, 290 = GesR 2009, 33.
49 BGH, Urteil v. 16.10.2014, III ZR 85/14 = MedR 2015, 120 - 123.
50 OLG Oldenburg, NJW 2012, 1597 = MedR 2012, 468.
51 OLG Celle, ZMGR 2015, 237 = MedR 2015, 821.

dd. Laboratoriumsuntersuchungen

Bei den Laboratoriumsuntersuchungen unterscheidet die GOÄ zwischen den Abschnitten M I bis M IV GOÄ. Leistungen des Abschnitts M I GOÄ sind dem niedergelassenen Arzt vorbehalten. Sie sind nur dann abrechenbar, wenn sie im Akutlabor des niedergelassenen Arztes erbracht werden, nicht aber bei der Leistungserbringung im Krankenhaus, einer krankenhausähnlichen Einrichtung, einer Laborgemeinschaft oder in einer laborärztlichen Praxis. Insoweit wird auf die allgemeinen Bestimmungen des Abschnitts M I des Gebührenverzeichnisses verwiesen, wo der Gesetzgeber dies klar geregelt hat.

Die Verpflichtung des Wahlarztes zur persönlichen Leistungserbringung bei Leistungen des Basislabors nach dem Abschnitt M II des Gebührenverzeichnisses ist in § 4 Abs. 2 S. 2 GOÄ geregelt. Grundsätzlich steht dieser Abschnitt allen Wahlärzten unabhängig von ihrer jeweiligen Fachrichtung offen. Die Verpflichtung zur persönlichen Leistungserbringung beschränkt sich auf die Erteilung fachlicher Weisungen, sofern die Abrechnungsvoraussetzungen der Vorschrift im Übrigen vorliegen.

Im Bereich des Speziallabors der Abschnitte M III und M IV des Gebührenverzeichnisses können die wahlärztlichen Leistungen nur von demjenigen Arzt abgerechnet werden, der sie erbracht hat (Nr. 3 der allgemeinen Bestimmungen zum Abschnitt M des Gebührenverzeichnisses). Dies dürfte die Liquidation durch den Krankenhausträger ausschließen. Die Befundung wird hier auf jeden Fall durch den Wahlarzt erfolgen müssen, da nur so ein Mehrwert generiert werden kann, der die Zahlung eines gesonderten Honorars zusätzlich zu den allgemeinen Krankenhausleistungen in diesem Bereich rechtfertigt.[52] Ob und inwieweit der Wahlarzt auch während des Untersuchungsvorganges im Labor anwesend sein muss, ist umstritten. Teilweise wird die Erreichbarkeit des Arztes im Gebäude selbst gefordert, in dem sich das Labor befindet oder zumindest in einem Nachbargebäude, teilweise dessen Anwesenheit während des gesamten Untersuchungsvorganges, teilweise wird hier auch die Befundung durch den Wahlarzt als ausreichend angesehen.[53] Soweit Gesetzesentwürfe einer neuen Gebührenordnung für Ärzte bislang bekannt geworden sind, wird

---

[52] BGH, Urteil v. 20.12.2007, III ZR 144/07; BGH, Urteil v. 19.4.2018, III ZR 255/17, juris; ständige Rechtsprechung des BGH.
[53] Vgl. zum Meinungsstand Klakow-Franck (Hrsg.), GOÄ, § 4 Anmerkung 12; Hoffmann/Kleinken (Hrsg.), GOÄ, § 4 S. 58.

diese Streitfrage dort dahingehend gelöst, dass der Wahlarzt während des gesamten Untersuchungsvorgangs im Labor anwesend sein muss.

Laboratoriumsuntersuchungen der Abschnitte M III und M IV GOÄ dürfen für den Wahlarzt auch nicht fachfremd sein, wenn er diese abrechnen will. Nur derjenige, für den die Leistungen nicht fachfremd sind, kann fachliche Weisungen im Sinne von § 4 Abs. 2 S. 1 bzw. § 4 Abs. 2 S. 4 GOÄ erteilen und eine ärztliche Leistung nach den Regeln der ärztlichen Kunst erbringen (§ 1 Abs. 2 GOÄ). Bei Laboratoriumsuntersuchungen wird man hier zwischen den Abschnitten M III und M IV GOÄ differenzieren müssen. Leistungen des Abschnitts M IV GOÄ des Gebührenverzeichnisses sind regelmäßig nur für Fachärzte für Laboratoriumsmedizin nicht fachfremd. Bei Leistungen des Abschnitts M III des Gebührenverzeichnisses kommt es auf die Facharztausbildung des Wahlarztes an und die jeweilige Weiterbildungsverordnung der für ihn zuständigen Landesärztekammer.

ee. Fazit

Je eindeutiger die persönliche Leistungserbringung für die entsprechende Fachrichtung geregelt ist, desto größer sind die arbeits- und strafrechtlichen Risiken für die jeweiligen Wahlärzte, die in diesem Bereich tätig sind. So hat das LAG Niedersachsen die fristlose Kündigung eines operativ tätigen Chefarztes für rechtens erklärt, der wiederholt gegen den Grundsatz der persönlichen Leistungserbringung verstoßen hatte, indem er Operationen nicht selbst durchführte.[54] Gerade auch die Vorschrift des § 4 Abs. 2 S. 3 GOÄ ist vom Wortlaut her eindeutig. Die dort aufgeführten ärztlichen Leistungen sind als wahlärztliche Leistungen nicht abrechenbar, wenn sie nicht von Seiten des Wahlarztes oder seines ständigen ärztlichen Vertreters sondern von Drittärzten erbracht worden sind.

---

54 LAG Niedersachsen, Urteil v. 17.4.2013, 2 Sa 179/12, juris = ZMGR 2013, 358 - 370 = NZA-RA 2013, 351 - 359.

6. Der ständige ärztliche Vertreter des Wahlarztes

In der Entscheidung vom 20.12.2007, III ZR 144/07 hat der BGH klargestellt, dass sich Wahlärzte im Kernbereich der wahlärztlichen Leistungen unter zwei Voraussetzungen vertreten lassen können:

- Die Verhinderung des Wahlarztes ist bei Abschluss der Wahlleistungsvereinbarung nicht vorhersehbar (z.B. Notfälle, plötzliche Erkrankung). Hier kann sich der Wahlarzt durch seinen vor Abschluss der Wahlleistungsvereinbarung benannten ständigen ärztlichen Vertreter vertreten lassen und gleichwohl abrechnen.
- Die Verhinderung des Wahlarztes ist bei Abschluss der Wahlleistungsvereinbarung bereits vorhersehbar (Urlaub, Kongress, etc.). Hier ist Voraussetzung für die Vertretung des Wahlarztes der Abschluss einer individuellen Vertretungsvereinbarung, die der Schriftform des § 126 Abs. 2 S. 1 BGB bedarf. Hinsichtlich der Person des Vertreters im Rahmen der individuellen Vertretungsvereinbarung hat sich der BGH nicht festgelegt.[55]

Hinsichtlich der Zahl der ständigen ärztlichen Vertreter des Wahlarztes hat der BGH in der Entscheidung vom 20.12.2007 die Auffassung vertreten, dass grundsätzlich nur ein ständiger ärztlicher Vertreter pro Wahlarzt zulässig ist und zur Begründung auf den Wortlaut der §§ 4 Abs. 2, 5 Abs. 5 GOÄ verwiesen, die nur von je einem ständigen ärztlichen Vertreter des Wahlarztes ausgehen.[56] Die Instanzgerichte gehen zwischenzeitlich jedoch davon aus, dass auch mehrere ständige ärztliche Vertreter pro Wahlarzt zulässig sind, wenn dessen Zuständigkeitsbereich so aufgeteilt wird, dass jeder dieser Ärzte alleiniger ständiger ärztlicher Vertreter für einen Teil des Zuständigkeitsbereichs des Wahlarztes wird. Diese Aufteilung muss allerdings transparent sein, da es sich bei der Wahlleistungsvereinbarung, in der die ständigen ärztlichen Vertreter angezeigt werden sollte, um allgemeine Geschäftsbedingungen handelt. Der Patient muss erkennen können, welcher ständige ärztliche Vertreter im Vertretungsfall für ihn zuständig ist.[57]

Eine individuelle Vertretungsvereinbarung lag nach der Entscheidung des BGH vom 20.12.2007 dann vor, wenn dem Patienten die Möglichkeit

---

55 BGH, Urteil vom 20.12.2007, III ZR 144/07.
56 Ebd.
57 OLG Celle, Urteile v. 15.6.2015, 1 U 97/14 und 1 U 98/14.

eröffnet wurde, sich durch Ankreuzen zwischen verschiedenen Alternativen zu entscheiden, die sich gegenseitig ausschließen und so den Inhalt der Vertretungsvereinbarung maßgeblich bestimmen. Grund und Dauer der Verhinderung des Wahlarztes standen bei dem Fall, den der BGH 2007 zu entscheiden hatte, ganz offensichtlich fest.[58] Zwischenzeitlich hat das Hanseatische Oberlandesgericht Hamburg in einer aktuellen Entscheidung die Anforderungen an den Inhalt einer individuellen Vertretungsvereinbarung im Fall der vorhersehbaren Verhinderung des Wahlarztes deutlich verschärft. Danach müssen auch der Grund der Verhinderung des Wahlarztes und die Dauer seiner Verhinderung jeweils individuell eingetragen werden, wenn von einer individuellen Vertretungsvereinbarung ausgegangen werden soll. Der Entscheidung des Hanseatischen OLG Hamburg lag ein Fall zugrunde, wo mit Vertretungsvereinbarungen offensichtlich Missbrauch betrieben wurde.[59]

Die Benennung mehrerer ständiger ärztlicher Vertreter durch einen Wahlarzt, ohne sein Zuständigkeitsbereich aufzuteilen und der ständige Einsatz dieser Vertreter im Zusammenhang mit der Erbringung wahlärztlicher Leistungen kann zum Vorwurf des Abrechnungsbetruges führen.[60]

7. Zahl der Wahlärzte pro Abteilung oder Klinik / Der niedergelassene Arzt als Wahlarzt

Der BGH geht in ständiger Rechtsprechung davon aus, dass allgemeine Krankenhausleistungen auf der einen und wahlärztliche Leistungen auf der anderen Seite sich unterscheiden. Bei der Erbringung der allgemeinen Krankenhausleistungen schuldet der Krankenhausträger Facharztstandard. Bei ärztlichen Wahlleistungen dagegen Chefarztstandard, ohne dass dieser Begriff näher definiert wird, er erklärt sich aus der Rechtsprechung des BGH, wonach der Patient sich bei der Vereinbarung ärztlicher Wahlleistungen die Leistungen besonders qualifizierter Ärzte, der Wahlärzte, gegen Entrichtung eines zusätzlichen Honorars zu den allgemeinen Krankenhausleistungen in Sorge um seine Gesundheit hinzukauft. Wahlärzte sind

---

58 BGH, a. a. O.
59 Hanseatisches OLG Hamburg, Beschluss v. 15.1.2018, 3 U 220/16, juris.
60 LG Aschaffenburg, Beschluss v. 29.10.2013, KLs 104 Js 13948/07, juris.

demnach höher qualifiziert als Fachärzte, da nur so die Zahlung eines zusätzlichen Honorars für wahlärztliche Leistungen sich rechtfertigen lässt.[61]

Vor diesem Hintergrund führt eine Regelung, wo das Krankenhaus die Möglichkeit hat, dem Patienten den „Wahlarzt unter sechs Wahlärzten" eine Abteilung frei zuzuweisen, zur Unwirksamkeit der Wahlleistungsvereinbarung nach § 308 Nr. 4 BGB.[62] Ärztliche Wahlleistungen werden hier beliebig und verlieren ihren besonderen Charakter. Der Zahl der Wahlärzte pro Abteilung oder Klinik sind somit enge Grenzen gesetzt, insbesondere wenn niedergelassene Ärzte dazukommen.

Auch unter Berücksichtigung des Antikorruptionsgesetzes stellt sich die Frage, ob und inwieweit niedergelassene Ärzte überhaupt wahlärztliche Leistungen erbringen dürfen und ob nicht die Einräumung des Liquidationsrechts an niedergelassene Ärzte eine Unrechtsvereinbarung im Sinne dieses Gesetzes sein könnte, die zu den damit verbundenen strafrechtlichen Risiken führt. Niedergelassene Ärzte repräsentieren in ihrer Gesamtheit nur Facharztstandard und keinesfalls ein darüber hinausgehenden Qualitätsstandard, sodass der Patient, der im Rahmen der Erbringung wahlärztlicher Leistungen von niedergelassenen Ärzten operiert wird, nicht zwingend einen Mehrwert für das zusätzliche Honorar bekommt, das er dafür zahlt. Vereinbarungen zwischen niedergelassenen Ärzten und Krankenhäusern, in denen der Krankenhausträger den niedergelassenen Ärzten das Liquidationsrecht bei wahlärztlichen Leistungen einräumt, müssen gut begründbar sein, um den Vorwurf zu vermeiden, dass hier der niedergelassene Arzt ein Entgelt nur für die Zuweisung der Patienten bekommt, die er dem Krankenhaus bringt.

8. Einwilligung in den operativen Eingriff bei wahlärztlichen Leistungen

Sowohl der BGH als auch die Instanzgerichte gehen inzwischen in ständiger Rechtsprechung davon aus, dass der Patient, der eine Vereinbarung über wahlärztliche Leistungen unterschreibt, seine Einwilligung in den ärztlichen Heileingriff darauf beschränkt, dass dieser durch den Wahlarzt durchgeführt wird. Wird der Wahlarzt allerdings nicht tätig und ist auch dessen ständiger ärztlicher Vertreter verhindert, sodass der Eingriff durch

---

61 Ständige Rechtsprechung des BGH, Urteile v. 20.12.2007, III ZR 144/07; 16.10.2014, III ZR 85/14 und 19.4.2018, III ZR 255/17.
62 LG Heidelberg, Urteil v. 21.12.2012, 3 S 16/12, juris.

Drittärzte durchgeführt wird, liegt unabhängig davon, ob nur allgemeine Krankenhausleistungen oder auch ärztliche Wahlleistungen abgerechnet werden, keine wirksame Einwilligung in den ärztlichen Heileingriff vor mit der Folge, dass tatbestandlich von einer Körperverletzung auszugehen ist.[63] Der BGH hat das Verfahren an das Gericht der Vorinstanz zurückverwiesen. Das Verfahren vor dem OLG Braunschweig hat mit einer Verurteilung zur Zahlung von Schmerzensgeld geendet, im Verfahren vor dem OLG Hamm wurden die Beklagten als Gesamtschuldner verurteilt, an die Krankenkasse der verstorbenen Patientin die gesamten Behandlungskosten zu erstatten. Hintergrund aller Verfahren sind tatsächliche oder vermutete Behandlungsfehler, die zu zivilrechtlichen Konsequenzen für die Behandler und auch die betroffenen Krankenhausträger geführt haben, über strafrechtliche Konsequenzen ist nichts bekannt, diese sind aber gleichwohl denkbar, nachdem in allen Fällen eine Körperverletzung vorliegt.

IV. Fazit

Die Rechtsprechung zu Wahlleistungsvereinbarungen und insbesondere zur persönlichen Leistungserbringung bei wahlärztlichen Leistungen entwickelt sich beständig fort. Vieles ist umstritten, so dass hier der Arztstrafrechtler zugunsten seiner Mandanten anknüpfen kann. Nur dort, wo die Gesetzgebung und die Rechtsprechung eindeutig sind, engt dies den Spielraum weitgehend ein.

---

63 OLG Braunschweig, Urteil v. 25.9.2013, 1 U 24/12; BGH, Urteil v. 19.7.2016, VI ZR 75/15; OLG Hamm, Urteil v. 15.12.2017, 26 U 74/17, juris.

Verdacht strafrechtlichen Fehlverhaltens im Krankenhaus – welche Handlungspflichten bestehen?

Prof. Dr. Martin Rehborn

I. Einführung

Führungspersonal und Mitarbeiter in Krankenhäusern werden im Allgemeinen – wie der Großteil der Bevölkerung – bemüht sein, sich korrekt zu verhalten, insbesondere aber sich nicht strafbar zu machen. Dennoch sind Ausnahmen immer wieder bekannt geworden[1]; trotz des ordnungsgemäßen Arbeitens in der breiten Masse stehen sie im Fokus der folgenden Überlegungen.

1. Strafrechtliches Fehlverhalten im Krankenhaus

Strafrechtliches Fehlverhalten im Krankenhaus kann vielfältig sein. Es betrifft zum einen Delikte, die „im Tagesgeschäft" überall vorkommen können, so z.B. Beleidigungen (§§ 185 ff. StGB), Diebstahl (§ 242 StGB) oder Unterschlagung (§ 246 StGB), Verstöße gegen steuer- oder sozialversicherungsrechtliche Abgabenpflichten u.v.a. Patienten können gleichermaßen Täter wie Opfer sein. Die folgende Untersuchung widmet sich indessen lediglich zwei großen Komplexen, innerhalb derer in der Rechtspraxis strafrechtliche Verstöße doch eher krankenhausspezifisch sind.

Betroffen ist hier zunächst die wirtschaftliche Ebene; dort spielen regelmäßig Fragen nach der Ordnungsmäßigkeit der Abrechnung eine Rolle. Das betrifft nicht nur die Abrechnung der Leistungen des Krankenhausträgers (z.B. die Abrechnung der allgemeinen Krankenhausleistungen, im Regelfall durch DRGs, oder die Abrechnung von Wahlleistungen), son-

---

1 Vgl. dies auch als Ausgangspunkt für die EY-Studie „Compliance im Klinikmarkt – Studie zum Stand und zur Entwicklung von Compliance-Strukturen in deutschen Krankenhäusern", https://www.ey.com/Publication/vwLUAssets/EY_-_Compliance_im_Klinikmarkt/$FILE/ey-compliance-im-klinikmarkt.pdf, letzter Abruf 13.09.2018.

dern auch die Abrechnung durch Dritte (so z.B. – und insbesondere – durch liquidationsberechtigte Ärzte, im Regelfall auf Basis der GOÄ). Zu prüfen sein werden hier insbesondere die Straftatbestände des Betruges (§ 263 StGB) und der Untreue (§ 266 StGB).[2] Auf diese Ebene gehören aber auch Betrachtungen zum speziellen Korruptionsstrafrecht, insbesondere zu Bestechung und Bestechlichkeit im Gesundheitswesen (§§ 299a, 299b StGB).

Daneben steht die medizinische Ebene. Hier sei das Augenmerk insbesondere auf Tötungs- oder Körperverletzungsdelikte (§§ 212, 216, 222 StGB bzw. §§ 223 ff StGB), begehbar insbesondere auch durch Unterlassen (§ 13 Abs. 1 StGB), gerichtet. Neben beinahe zahllosen anderen grundsätzlich in Betracht kommenden Delikten[3] sind hier vor allem Verstöße gegen die Schweigepflicht der Angehörigen der Heilberufe (§ 203 StGB) sowie Veränderungen/Verfälschungen an der ärztlichen Dokumentation und die daraus resultierende Frage nach einer möglichen Urkundenfälschung (§ 267 StGB) denkbar.

2. Pflichten

Hinsichtlich bestehender Handlungspflichten werden zwei Rechtskreise zu unterscheiden sein. Pflichten können nämlich zum einen rein *intern*, also innerhalb der Rechtssphäre „des Krankenhauses" bestehen, so insbesondere Pflichten der für den Krankenhausbetrieb Verantwortlichen und anderer Handelnder im Krankenhaus gegenüber dem Krankenhausträger (z.B. Kommune, Kirchengemeinde, GmbH, AG u.a.).

Pflichten bestehen regelmäßig aber auch gegenüber *Externen*. Hier sind zuvorderst Patienten des Krankenhauses, ebenso aber Besucher zu nennen. Auf wirtschaftlicher Ebene wird man an Steuer- und Sozialversicherungsbehörden denken. Vielfältige Pflichten können gegenüber den Ermittlungsbehörden bestehen.

Sowohl im Rahmen interner als auch externer Verpflichtungen wird sich stets die Frage stellen, wer konkret für die Einhaltung der Pflichten

---

[2] Vgl. auch *Kölbel* in Ratzel/Lindemann, Brennpunkte des Wirtschaftsstrafrechts im Gesundheitswesen 2010, S. 37 ff.

[3] Vgl. beispielhaft hinsichtlich der im Gesundheitswesen in Betracht kommenden Delikte *Ulsenheimer*, Arztstrafrecht in der Praxis, 5. Aufl. 2015, Rn. 42; *Kraatz*, Arztstrafrecht, 2. Aufl. 2018, Rn. 4.

(nicht nur, aber auch zur Vermeidung strafrechtlichen Fehlverhaltens) verantwortlich ist.

3. Verdacht

Möglicherweise wird auch zwischen verschiedenen Verdachtsmomenten zu differenzieren sein. Hier ist insbesondere an einen (rein) *abstrakten* Verdacht, die „Sorge", dass etwas geschehen könnte, zu denken. Einem solchen Verdacht kann im Regelfall nur durch *präventives* Tätigwerden begegnet werden.

Bestehen demgegenüber in bestimmten Situationen konkrete Verdachtsmomente, insbesondere also Hinweise auf bereits geschehene Straftaten, wird man eher an *repressive* Handlungspflichten denken müssen.

II. Präventive Handlungspflichten

Präventive Handlungspflichten können v.a. innerhalb des skizzierten internen Pflichtenkreises bestehen. Im Einzelnen:

1. Schaffung von Compliance-Systemen

§ 93 Abs. 1 Satz 1 AktG regelt die Sorgfaltspflichten von Vorstandsmitgliedern einer Aktiengesellschaft; sie haben bei ihrer Geschäftsführung die Sorgfalt eines ordentlichen und gewissenhaften Geschäftsleiters anzuwenden. Dieses Sorgfaltserfordernis betrifft nach allgemeiner Auffassung *„die Einhaltung der von dem Unternehmen zu beachtenden Rechtsnormen in ihrer ganzen Breite"*.[4] Das bedeutet, dass von den Vorstandsmitgliedern Gesetze jedweder Art und jedweden Rechtskreises (z.B. also auch aus dem Steuerrecht, Wettbewerbsrecht etc.) ebenso einzuhalten sind wie untergesetzliche Normen, z.B. also Satzungen, aber auch die Geschäftsordnung des Vorstandes etc.

Bei der Aktiengesellschaft resultiert aus dieser Verpflichtung heraus die (zwingende) Integration eines sogenannten *Compliance-Systems*, in der

---

4 Schmidt/Lutter/*Krieger/Sailer-Coceani*, AktG, Komm., 3. Aufl. 2015, § 93 Rz.7.

Regel also einer Abteilung, die zwar weisungsunabhängig, dem Vorstand aber berichtspflichtig ist.[5]

Zwar ist die Sorgfaltspflicht des § 93 AktG nicht per se analog auf andere Gesellschaftsformen, insbesondere die im Krankenhausbereich als Rechtsform eines Krankenhausträgers vielfach vorzufindende GmbH, anwendbar.[6] Jedoch wird sich außerhalb der Aktiengesellschaft eine entsprechende Verpflichtung vielfach aus der Aufgabenstellung der Verantwortlichen und ihrer Umschreibung in anderweitigen Rechtsnormen (z.B. einer Satzung, im Rahmen kommunalrechtlicher Vorschriften etc.) ergeben.

Adressaten dieser Handlungspflichten sind primär die Aufsichtsgremien der Gesellschaft sein, insbesondere im Hinblick auf die Frage, ob der oder die Verantwortlichen die ihnen obliegenden Verpflichtungen zur Implementierung eines entsprechenden Compliance-Systems eingehalten haben.

2. Controlling durch Innenrevision

Anknüpfungspunkt ist wiederum das Aktienrecht; § 91 Abs. 2 AktG fordert vom Vorstand einer Aktiengesellschaft, geeignete Maßnahmen zu treffen, damit den Fortbestand der Gesellschaft gefährdende Entwicklungen früh erkannt werden. Hierzu gehört insbesondere die Einrichtung eines vom Gesetz so genannten Überwachungssystems. Dieses soll sicherstellen, *„dass eine interne Revision und ein sachgerechtes Controlling eingerichtet sind und dass diese ihre jeweiligen Erkenntnisse zeitnah an den Vorstand weitervermitteln"*.[7]

Anders als im Hinblick auf eine Pflicht zur Schaffung eines Compliance-Systems wird diese Vorgabe für eine AG analog auf die GmbH angewandt; auch die Geschäftsführer einer GmbH sind also – zumindest bei einem größeren Unternehmen – verpflichtet, eine Innenrevision und ein Controlling einzurichten.[8]

Die Verantwortlichen einer als Krankenhausträger fungierenden Gesellschaft sind also regelmäßig verpflichtet, sowohl ein Compliance-System zwecks Prüfung der Einhaltung der allgemeinen Rechtsordnung als auch eine geeignete Innenrevision und ein geeignetes Controlling in dem von

---

5 Schmidt/Lutter/*Krieger/Sailer-Coceani*, aaO, § 93 Rz.8.
6 Schmidt/Lutter/*Krieger/Sailer-Coceani*, aaO, § 93 Rz.2.
7 Schmidt/Lutter/*Krieger/Sailer-Coceani*, aaO, § 91 Rz.13 f.
8 Scholz/*U. Schneider/Crezelius*, GmbHG, 12. Aufl. 2018, § 43 Rz.96.

ihnen geführten Unternehmen einzurichten. Handelt es sich bei dem Krankenhausträger – wie meist – um eine Kapitalgesellschaft, sind sie regelmäßig (§ 264 Abs. 1 HGB), bei einer Personenhandelsgesellschaft unter Umständen (§ 264b HGB) verpflichtet, neben einem Jahresabschluss auch einen sog. „Lagebericht" aufzustellen. Welche Bedeutung der Gesetzgeber Compliance und Controlling beigemessen hat, wird erkennbar, wenn man beachtet, dass in diesem Lagebericht auf die Risikomanagementziele und -methoden der Gesellschaft verpflichtend einzugehen ist.

3. Arbeitsrechtliche Maßnahmen

Das Gebot, die Einhaltung der Rechtsordnung innerhalb eines von ihm verantworteten Unternehmens sicherzustellen,[9] erfordert aus präventiver Sicht insbesondere, von geeigneten arbeitsrechtlichen Instrumenten Gebrauch zu machen, um so ein strafrechtliches Fehlverhalten zu verhindern. In Betracht kommen hier generelle oder einzelfallbezogene Handlungsanweisungen, gegebenenfalls einschließlich der Untersagung eines bestimmten Verhaltens, die Implementation von Kontrollsystemen (z.B. durch die Anordnung von Kontrollen), die Durchführung eigener Kontrollen und/ oder auch die Einführung von Berichtspflichten.[10]

III. Repressive (reaktive) Handlungspflichten

1. Intern

a. Information der maßgeblichen Trägerorgane

Während präventive Handlungspflichten typischerweise Maßnahmen innerhalb eines Krankenhausträgers resp. der Trägergesellschaft betreffen, können aus der Feststellung eines (gegebenenfalls auch strafrechtlich relevanten) Fehlverhaltens interne Informationspflichten entstehen. Ob und wem gegenüber sie anzunehmen sind, richtet sich – sofern nicht aus-

---

9 Siehe oben unter I. 2.
10 Vgl. dazu unter arbeitsrechtlichen Gesichtspunkten näher *Reichold* in Weth/Thomae/Reichold, Arbeitsrecht im Krankenhaus, 2. Aufl., 2011, Kapitel E. (Pflichten des Arbeitnehmers), Rn. 39 ff., 56.

nahmsweise das Gesetz zwingende Vorgaben macht – im allgemeinen nach haus-(gesellschafts-) internen Informationsanweisungen. Sie geben – orientiert an der Größe des jeweiligen Unternehmens und seiner im allgemeinen daraus resultierenden Führungsstruktur – vor, wer wen worüber wann zu informieren hat. Diese Verpflichtungen bestehen nicht nur „von unten nach oben", also in der Information von Vorgesetzten, sondern unter Umständen auch „von oben nach unten", so insbesondere, um geeignete Maßnahmen gegenüber demjenigen Mitarbeiter ergreifen zu können, von dem das Fehlverhalten primär ausgeht.

Das nachfolgende Schaubild verdeutlicht diese Informationspflichten innerhalb einer typischen – keineswegs zwingenden – Trägerstruktur:

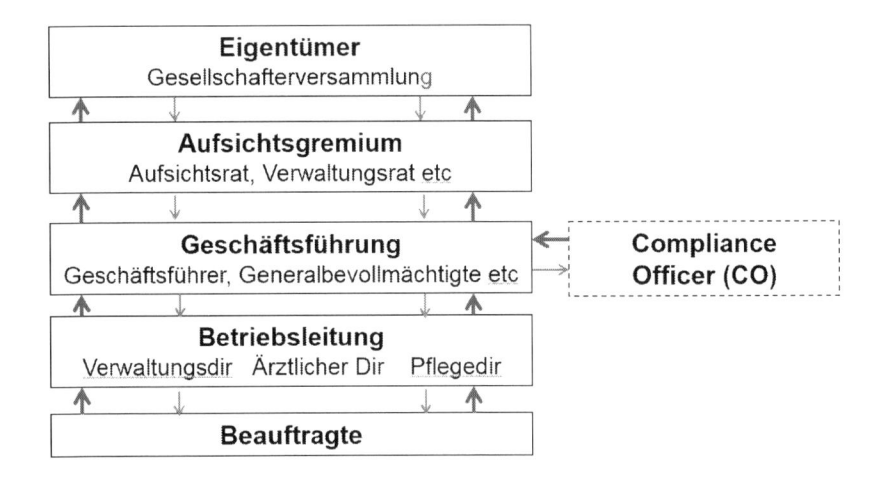

```
┌─────────────────────────────────────┐
│           Eigentümer                │
│      Gesellschafterversammlung      │
└─────────────────────────────────────┘
         ↑ ↓                 ↓ ↑
┌─────────────────────────────────────┐
│         Aufsichtsgremium            │
│    Aufsichtsrat, Verwaltungsrat etc │
└─────────────────────────────────────┘
         ↑ ↓                 ↓ ↑
┌─────────────────────────────────────┐        ┌──────────────────┐
│         Geschäftsführung            │ ←----  │    Compliance    │
│  Geschäftsführer, Generalbevoll-    │ ----→  │   Officer (CO)   │
│           mächtigte etc             │        └──────────────────┘
└─────────────────────────────────────┘
         ↑ ↓                 ↓ ↑
┌─────────────────────────────────────┐
│          Betriebsleitung            │
│  Verwaltungsdir  Ärztlicher Dir  Pflegedir │
└─────────────────────────────────────┘
         ↑ ↓                 ↓ ↑
┌─────────────────────────────────────┐
│            Beauftragte              │
└─────────────────────────────────────┘
```

Eine besondere Rolle kommt dabei dem Compliance-Verantwortlichen (in Anlehnung an anglo-amerikanische Bezeichnungen heute auch in Deutschland oft als „Compliance Officer" oder abgekürzt „CO" bezeichnet) zu. Er ist nicht in die herkömmliche Hierarchie einzuordnen; vielmehr steht er – schon weil im Kernbereich seiner Tätigkeit weisungsungebunden – daneben. Das mit ihm korrespondierende Unternehmensorgan wird regelmäßig – keineswegs aber verpflichtend, insbesondere bei Verstößen des Organs selbst – die Geschäftsführung sein.

b. Arbeitsrechtliche Maßnahmen

Aus der Verpflichtung, die Einhaltung der Rechtsordnung sicherzustellen, folgt die Verpflichtung, (aktiv) arbeitsrechtliche Maßnahmen zu ergreifen, um das maßgebliche Fehlverhalten schnellstmöglich abzustellen. Arbeitsrechtliche Instrumente hierfür sind wiederum Handlungsanweisungen, insbesondere einschließlich der Untersagung des inkriminierten Verhaltens, aber auch insoweit die Implemention von Kontrollsystemen (z.B. durch die Anordnung von Kontrollen), die Durchführung eigener Kontrollen und/oder auch die Einführung von Berichtspflichten.[11] Besondere Bedeutung kommt in diesem Zusammenhang repressiven arbeitsrechtlichen Maßnahmen zu, hier insbesondere der Ermahnung oder Abmahnung sowie der verhaltensbedingten ordentlichen oder auch außerordentlichen Kündigung.[12]

c. Bildung einer Rückstellung

Krankenhausträger-Gesellschaften werden regelmäßig (unter besonderer Beachtung der Vorschriften der Krankenhaus-Buchführungsverordnung[13]) einen Jahresabschluss mit einer Bilanz aufzustellen haben (§ 242 Abs. 1, 3 HGB). Auf der Passivseite der Bilanz sind Rückstellungen für ungewisse Verbindlichkeiten und für drohende Verluste aus schwebenden Geschäften zu bilden. Das setzt voraus, dass die Inanspruchnahme zwar noch ungewiss, objektiv aber wahrscheinlich ist.[14] Insbesondere bei strafrechtlich relevantem Fehlverhalten mit finanziellen Folgen – z.B. Rückzahlung von Vergütungen, Leistung von Schadenersatz – ist die Rückstellung, die Bildung eines Passivpostens, also geboten. Der Grundsatz der Bilanzklarheit (§ 264 Abs. 2 Satz 1 HGB)[15] gebietet, den Grund für die Rückstellung hin-

---

11 Vgl. dazu unter arbeitsrechtlichen Gesichtspunkten näher *Reichold* in Weth/Thomae/Reichold, aaO, Kapitel E. (Pflichten des Arbeitnehmers), Rn. 39 ff., 56.
12 *Reichold* in Weth/Thomae/Reichold, aaO, Kapitel E. (Pflichten des Arbeitnehmers), Rn. 56.
13 In der Fassung der Bekanntmachung vom 24.3.1987 (BGBl. I S. 1045), die zuletzt durch Art. 2 der Verordnung vom 21.12.2016 (BGBl. I S. 3076) geändert worden ist.
14 Vgl. statt vieler Haag/Löffler/*Gerner-Beuerle/Ahmad*, HGB, 2. Aufl. 2013, § 249 HGB Rz.4, 6.
15 Näher dazu Haag/Löffler/*Aigner*, HGB, 2. Aufl. 2013, § 264 HGB Rz.27.

reichend zu beschreiben, sodass sich auch der uninformierte Leser[16] der Bilanz ein Bild über die Umstände der Rückstellung dem Grunde und der Höhe nach machen kann. Das beinhaltet gleichzeitig, ein strafrechtlich relevantes Fehlverhalten zumindest objektiv offenbaren zu müssen; das hiermit verbundene Risiko strafrechtlicher Verfolgung entpflichtet keineswegs von der Bildung der Rückstellung und ihrer substantiierten Ausweisung im Jahresabschluss. Vielmehr kann unter diesem Gesichtspunkt zu überlegen sein, die (vermeintliche) Forderung unaufgefordert auszugleichen und damit möglicherweise Erläuterungen im Rahmen des Jahresabschlusses zu vermeiden.

2. Extern

a. gegenüber Patienten

Mit einem Behandlungsfehler ist regelmäßig zumindest auch der Verdacht einer fahrlässigen Körperverletzung (§ 229 StGB) verbunden.[17] Partei des Behandlungsvertrages wird bei einer stationären Behandlung regelmäßig (zumindest auch) der Krankenhausträger sein;[18] er gilt gemäß der Legaldefinition in § 630a Abs. 1 BGB als „Behandelnder".[19] Als solcher ist er gemäß § 630c Abs. 2 Satz 2 BGB aber auch verpflichtet, den Patienten auf Nachfrage oder zur Abwendung gesundheitlicher Gefahren zu informieren, sofern für ihn Umstände erkennbar sind, die die Annahme eines Be-

---

16 Maßgeblich ist angesichts des klaren Wortlauts nämlich auf den Empfängerhorizont abzustellen, vgl. Baumbach/Hopt/*Merkt*, HGB, 38. Aufl. 2018, § 264 Rn. 11.
17 Hingegen müssen ein Behandlungsfehler mit zivilrechtlichen Haftungsfolgen (§ 280 Abs. 1 in Verbindung mit § 630a, §§ 823, 831 BGB) und eine fahrlässige Körperverletzung (§ 229 StGB) keineswegs zusammenfallen. So kann es sein, dass der subjektiv schuldlos handelnde Assistenzarzt aufgrund des objektivierten ärztlichen Fahrlässigkeitsbegriffs (näher dazu BGH, Urt. v. 13.2.2001 – VI ZR 34/0, NJW 2001, 1786 unter Verweis auf BGH, Urt. v. 29.1.1991 – VI ZR 206/90, BGHZ 113, 297) zivilrechtlich haften muss, eine Strafbarkeit mangels Verschuldens (sofern nicht von einem Übernahmeverschulden seinerseits auszugehen ist) aber entfällt.
18 Näher dazu Erman/*Rehborn/Gescher*, BGB, 15. Aufl. 2017, § 630a Rz.21; *Spickhoff*, Medizinrecht, 2. Aufl. 2011, §§ 611, 613, 631, Rn. 11 ff.
19 Näher zur Inkonsistenz des Begriffs des Behandelnden *Rehborn* in FS Bergmann 2016, S. 209 ff.

handlungsfehlers begründen.[20] Auch das beinhaltet das Risiko strafrechtlicher Ermittlungen gegen den Verursacher; das – weitgehende – Beweisverwertungsverbot des § 630c Abs. 2 Satz 3 BGB ist ein vergleichsweise stumpfes Schwert und wird in der Rechtspraxis vor einer strafrechtlichen Verfolgung und gegebenenfalls Verurteilung nur in seltenen Fällen schützen können.[21]

b. gegenüber (gesetzlichen) Krankenkassen

Vorsätzliche Falschabrechnungen eines Krankenhausträgers gegenüber einer (gesetzlichen) Krankenkasse als Adressat und Zahlungspflichtiger der Rechnung[22] werden regelmäßig den Tatbestand des Betruges (§ 263 Abs. 1 StGB), bei systematisch regelmäßigem Vorgehen auch eines schweren Falls (§ 263 Abs. 3 StGB),[23] gegebenenfalls in mittelbarer Täterschaft im Sinne des § 25 Abs. 1 StGB, erfüllen. Der Täter haftet für den solchenfalls einer Krankenkasse entstandenen Schaden aus § 823 Abs. 2 BGB in Verbindung mit § 263 StGB.

Fraglich ist hingegen, wann den Krankenhausträger eine Pflicht trifft, den seinen Verantwortlichen zunächst unbekannten (Abrechnungs-)Betrug bei Bekanntwerden zu offenbaren. Gäbe es eine solche Verpflichtung, könnte das Unterlassen der Offenbarung seinerseits wiederum eine Untreue in Form des Treuebruchstatbestands (§ 266 Abs. 1, 2. Alt. StGB) darstellen. Für Vertragsärzte[24] hat der 4. Strafsenat des BGH ursprünglich eine „Vermögensbetreuungspflicht" gegenüber Krankenkassen angenommen.[25] Demgegenüber hat der Große Senat für Strafsachen des BGH die

---

20 Näher dazu Erman/*Rehborn/Gescher*, aaO, § 630c Rz.10 ff.; *Spickhoff*, JZ 2015, 16 f.; *Frister/Wostry*, Aktuelle Entwicklungen im Medizinstrafrecht 2014, 53 ff.
21 Näher dazu Erman/*Rehborn/Gescher*, aaO, § 630c Rz.24 ff.
22 Details gehören zum Pflichtinhalt der gemäß § 112 Abs. 1, Abs. 2 Satz 1 Nr. 1 Buchstabe b) SGB V abzuschließenden Verträge; näher dazu Berchtold/Huster/Rehborn/*Thomae*, Gesundheitsrecht, 2. Aufl. 2017, § 112 SGB V Rz.12.
23 Näher dazu *Fischer*, StGB, 65. Aufl., 2018, § 263 Rn. 209 ff.
24 *Frister* in Ratzel/Lindemann, Brennpunkte des Wirtschaftsstrafrechts im Gesundheitswesen 2010, S. 99 ff.
25 BGH, Beschluss vom 25.11.2003 – 4 StR 239/03, BGHSt 49, 17 = GesR 2004, 129, Rz.20 unter – alleinigem – Verweis auf *Goetze*, Arzthaftungsrecht und kassenärztliches Wirtschaftlichkeitsgebot 1989, 178. Zu Recht kritisch hierzu *Schnapp*, GesR 2012, 705, 706, Fn. 31.

Frage, ob ein Vertragsarzt jedenfalls bei der Verordnung von Arzneimitteln als Amtsträger (§ 11 Abs. 1 Nr. 2 Buchst. c StGB) oder aber als Beauftragter (§ 299 StGB) der für den Patienten zuständigen Krankenkasse handle, verneint, da „*die ärztliche Behandlung, in die sich die Verordnung von Arzneimitteln einfügt, in erster Linie im Interesse des Patienten und in seinem Auftrag erfolgt.*"[26] Geklärt war die Problematik damit indessen nur teilweise; so hat der 4. Strafsenat trotz dieser Entscheidung des Großen Senats eine Vermögensbetreuungspflicht des Vertragsarztes gegenüber den Krankenkassen angenommen, soweit der Vertragsarzt Heil- und Hilfsmittel verordnet, da er damit in eigener Verantwortung erkläre, dass mit der Heilmittelverordnung alle Anspruchsvoraussetzungen für das Heilmittel erfüllt seien.[27] Der Vertragsarzt erkläre „*mit der Heilmittelverordnung in eigener Verantwortung gegenüber dem Versicherten, dem nichtärztlichen Leistungserbringer und der Krankenkasse, dass alle Anspruchsvoraussetzungen des durch die Krankenversicherungskarte als berechtigt ausgewiesenen Versicherten auf das verordnete Heilmittel nach allgemein anerkanntem Stand der medizinischen Erkenntnisse aufgrund eigener Überprüfung und Feststellung erfüllt sind: Das verordnete Heilmittel ist danach nach Art und Umfang geeignet, ausreichend, notwendig und wirtschaftlich, um die festgestellte Krankheit zu heilen, ihre Verschlimmerung zu verhüten oder die festgestellten Krankheitsbeschwerden zu lindern.*"[28] Zutreffend wird in der Literatur angesichts dieser Entscheidung darauf hingewiesen, dass weder die Krankenkassen noch die Kassenärztlichen Vereinigungen entscheiden könnten, ob eine Verordnung unwirtschaftlich, unzweckmäßig oder nicht erforderlich sei.[29]

Die Rechtsprechung erscheint insoweit eher inkonsistent; durch Inkrafttreten der §§ 299a, 299b StGB dürfte die Problematik indessen zumindest teilweise klar sein. Es stellt sich die Frage, ob die aufgezeichnete Rechtsprechung des BGH, wonach der Vertragsarzt zumindest nach Auffassung des 4. Strafsenats Beauftragter einer Krankenkasse sein kann, auf Kran-

---

26 BGH, Beschl. v. 29.3.2012 – GSSt 2/11, BGHSt 57, 202 = GesR 2012, 479, Rn. 43.
27 BGH, Beschl. v. 16.8.2016 – 4 StR 163/16, GesR 2016, 785; vgl. auch den Beschl. v. 25.7.2017 – 5 S7R 46/17, GesR 2017, 693.
28 BGH, Beschl. v. 16.8.2016 – 4 StR 163/16, GesR 2016, 785, Rz.13 unter Hinweis auf BSG, Urt. v. 13.9.2011 – B 1 KR 23/10 R, BSGE 109, 116, Rz.13.
29 *Grinblat*, GesR 2017, 111 (113).

kenhausträger und deren Verantwortliche entsprechend angewandt werden kann.

Sowohl bei der Verordnung von Arzneimitteln als auch bei der Verordnung von Heil- oder Hilfsmitteln verpflichtet der Vertragsarzt durch Ausstellung des Rezept die für seinen Patienten zuständige Krankenkasse, Zahlung an den Apotheker, Heil- oder Hilfsmittelerbringer zu leisten. Das Rezept stellt aus deren Sicht insofern eine Art „Gutschein" dar, dem die Krankenkasse bei Vorlage nichts entgegensetzen kann. Hält sie die Verordnung für unzulässig oder unwirtschaftlich, ist sie – ggfls. vom Fall eines kollusiven Zusammenwirkens zwischen Vertragsarzt und Apotheker, Heil- oder Hilfsmittelerbringer abgesehen – gezwungen, beim ausstellenden Vertragsarzt Regress zu nehmen (§ 106 SGB V). Gekennzeichnet ist die Situation insofern durch ein Viereckverhältnis; beteiligt sind der Patient (Versicherte) als Empfänger des Arznei-, Heil- oder Hilfsmittels, der verordnende Vertragsarzt, der aufgrund der Verordnung abgebende Apotheker, Heil- oder Hilfsmittelerbringer und die Krankenkasse.

Anders ist es indessen bei der Krankenhausbehandlung. Einer Krankenhauseinweisung (Verordnung von Krankenhausleistungen durch einen Vertragsarzt) bedarf es als Anspruchsvoraussetzung nicht.[30] Vielmehr entsteht der Leistungsanspruch des Versicherten auf vollstationäre Behandlung in einem zugelassenen Krankenhaus, wenn dessen Aufnahme nach *Prüfung durch das Krankenhaus* erforderlich ist, weil das Behandlungsziel nicht auf andere geeignete Weise erreicht werden kann (§ 39 Abs. 1 Satz 2 SGB V). Das Krankenhaus bejaht damit nicht etwa den Anspruch des Versicherten, sondern nur dessen *medizinische* Voraussetzungen. Ob das Erfordernis bestand oder nicht, wird erst – in der Regel nach Abschluss der stationären Behandlung – zwischen Krankenhausträger und Krankenkasse (und damit ohne Einfluss auf den Patienten) verbindlich geklärt. Der Zahlung durch die Krankenkasse geht also – jedenfalls im Regelfall, im Übrigen aber mit der Möglichkeit, die gezahlte Vergütung zurückzufordern – eine Prüfung der Anspruchsvoraussetzungen voraus.[31]

---

[30] Vgl. jüngst BSG, Urt. vom 19.6.2018 – B 1 KR 26/17 R, noch nicht abgesetzt. Vgl. Pressemitteilung Nr. 36/2018 des BSG.
[31] Vgl. beispielhaft BSG, Urt. v. 17.11.2015 – B 1 KR 18/15 R = GesR 2016, 313; Urt. v. 23.6.2015 – B 1 KR 26/14 R = GesR 2015, 482; Urt. v. 21.4.2015 – B 1 KR 6/15 R = GesR 2016, 151. Detailliert hierzu *Thomae* in Ratzel/Luxenburger, Hdb. Medizinrecht, 2. Aufl. 2011, § 30 Rn. 303 ff.; im übrigen Berchtold/Huster/Rehborn/*Kunze*, Gesundheitsrecht, 2. Aufl. 2017, § 39 SGB V Rz. 13.

Es fehlt also an der Letztverbindlichkeit der Entscheidung des Krankenhausträgers; auch die Prüfung erfolgt in erster Linie im Interesse des Patienten (Versicherten), wie schon die Stellung des § 39 SGB V im Leistungsrecht des SGB V deutlich belegt. Von daher wird man eine Vermögensbetreuungspflicht des Krankenhausträgers resp. der bei ihm Verantwortlichen abzulehnen haben. Besteht aber keine Vermögensbetreuungspflicht, fehlt es auch an einer Offenbarungspflicht. Folglich ist ein Krankenhausträger nach einer in seinem Krankenhaus vorgenommenen Falschabrechnung, die den Verantwortlichen im Zeitpunkt der Abrechnung nicht bekannt war, auch nicht verpflichtet, die Falschabrechnung im Nachhinein gegenüber der Krankenkasse, die aufgrund der Abrechnung bereits geleistet hat, zu offenbaren. Ob das gleichwohl *sinnvoll* sein kann, steht auf einem anderen Blatt.

c. gegenüber (privaten) Krankenversicherungen

Eine Offenbarungspflicht gegenüber einer privaten Krankenversicherung, auch nachdem diese an ihren Versicherten oder auch für ihren Versicherten an den Krankenhausträger geleistet hat, ist im Hinblick darauf, dass es keine unmittelbaren Rechtsbeziehungen zwischen dem Krankenhausträger und der Krankenversicherung des selbstzahlenden Patienten („Privatpatient") gibt, zu verneinen. Daran ändert auch der Umstand nichts, dass die Krankenversicherung nach Leistung Inhaber eines Rückforderungsanspruchs wäre (§ 86 VVG).[32]

d. gegenüber Selbstzahlern

Auch gegenüber Selbstzahlern („Privatpatienten") besteht keine Offenbarungspflicht, insbesondere auch keine Garantenstellung im Sinne des § 13 StGB. Insofern bestehen auch hier keinerlei Handlungspflichten – wiederum unbeschadet der Frage, ob es nicht außerhalb förmlicher rechtlicher Erwägungen angezeigt ist, die Betroffenen zu informieren und schadlos zu stellen.

---

32 *Armbrüster* in Prölss/Martin, VVG, 30. Aufl., 2018, § 86 Rn. 3.

Pflegedienste im Blick der Justiz[1]

Prof. Dr. Eckhart Müller

I. Einleitung

Der Betrieb eines Pflegedienstes ist „gefahrgeneigte Arbeit".

Dabei sind die Themen, die Justiz und Strafverteidigung hier regelmäßig beschäftigen im Grunde alte Hüte, haben aber dennoch nichts an ihrer Aktualität und Brisanz verloren.

Die Bandbreite der strafrechtlich relevanten Sachverhalte ist dabei groß.

Beginnend bei Fragen der fahrlässigen Körperverletzung/fahrlässigen Tötung im Kontext pflegerischer Fehlleistungen und der Verantwortlichkeit der Geschäftsleitung für derartige Vorkommnisse unter dem Gesichtspunkt des Organisationsverschuldens, über das ewig aktuelle Thema der Sterbehilfe und der Grenzen der straffreien Beihilfe zum Suizid, bis hin zu handfesten kriminellen Machenschaften, wie etwa ein aktuelles Beispiel eines Pflegedienstes aus Berlin zeigt:

So ist der Berliner Zeitung in einem Online-Artikel vom 19.2.2017 zu entnehmen, dass die Staatsanwaltschaft Berlin Verdachtsmomenten nachgeht, dass Bewohner eines Pflegeheims anlässlich der Begutachtungen zur Feststellung der Pflegebedürftigkeit durch den MDK bewusst mit Medikamenten ruhiggestellt wurden, um diese kränker erscheinen zu lassen und so eine Höhergruppierung in der Pflegestufe zu forcieren. Nicht nur ein Betrug im Hinblick auf diese fälschlich erschlichene Höhergruppierung in der Pflegestufe steht hier im Raum, sondern auch handfeste vorsätzliche Körperverletzungsdelikte durch die nicht indizierte Verabreichung entsprechender Medikamente.

Erst in jüngster Zeit überschlugen sich die Medien mit Berichten über organisierte Betrügereien bei der Abrechnung von Pflegeleistungen. So ti-

---

[1] Herrn RA Florian Opper danke ich für die kompetente und tatkräftige Unterstützung.

telte etwa die Zeit in ihrer Online-Ausgabe am 30.5.2017[2]: „Bundesweites Betrügernetzwerk vermutet". Ähnliche Schlagzeilen fanden sich auch in anderen Medien.[3]

Die in diesen lediglich kursorisch geschilderten Fällen zu Tage tretende Strafbarkeit ist von derartiger Offensichtlichkeit, dass es dazu in diesem Rahmen keinerlei vertiefter Ausführungen bedarf.

Strafrechtliche Risiken in der Pflege lauern aber auch fernab offensichtlich kriminellen Verhaltens. Sie stellen ein tägliches Compliance-Risiko für die Betreiber von Pflegeeinrichtungen dar und bestimmen darüber hinaus auch den Arbeitsalltag der agierenden Pflegekräfte mit. Begibt man sich dabei auf die Suche nach den Ursachen für diese Strafrechtsanfälligkeit der Pflegeberufe, so scheinen diese schnell im Pflegenotstand ausgemacht.

So zitiert das Deutsche Ärzteblatt in einem Artikel vom 9.8.2017 den Vorstand des Anbieterverbands qualitätsorientierter Gesundheitspflegeeinrichtungen (AVG), Herrn Thomas Meißner: *„Bloße Lippenbekenntnisse für eine bessere Pflege bringen uns nicht weiter"*. Für pflegebedürftige Menschen und deren Angehörige werde es immer schwerer, einen Pflegedienst zu finden, der sie in der Pflege und Betreuung entlaste. Die Versorgungssituation werde in den kommenden Jahren sogar noch schwieriger werden. *„Ich sehe den pflegerischen Sicherstellungsauftrag der Pflege- und Krankenkassen als massiv gefährdet an."*[4]

Ein Blick in die Statistiken verdeutlicht dieses Bild:

Nach den Prognosen des Statistischen Bundesamtes werden im Jahr 2030 37 % der deutschen Bevölkerung – dies entspricht ca. 28 Mio. Menschen – älter als 60 Jahre sein, ein Wert der bis zum Jahr 2050 voraussichtlich auf 40 % ansteigen wird. Entsprechend werden nach den Erwartungen des Statistischen Bundesamtes im Jahr 2030 etwa 3 Mio. Bundesbürger pflegebedürftig sein, für das Jahr 2050 werden ca. 3,8 Mio. Pflege-

---

2 http://www.zeit.de/wirtschaft/2017-05/pflegedienste-betrug-russland-pflegemafia-kriminalitaet vom 30.5.2017, zul. abgerufen am 18.4.2018.
3 Etwa http://www.br.de/nachrichten/pflege-abrechnungsbetrug-netzwerk-100.html; https://www.welt.de/wirtschaft/article165040974/Hunderte-Pflegedienste-unter-Betrugsverdacht.html; https://www.mz-web.de/panorama/millionenfacher-abrechnungsbetrug--pflege-mafia-operiert-von-berlin-aus-26990766; http://www.spiegel.de/wirtschaft/soziales/pflege-hunderte-pflegedienste-unter-betrugsverdacht-a-1149806.html jeweils vom 30.5.2017, zul. abgerufen am 18.4.2018.
4 https://m.aerzteblatt.de/news/thema-11591-2-77500.html vom 9.8.2017, zul. abgerufen am 18.4.2018.

bedürftige prognostiziert. Gleichzeitig sagt das Statistische Bundesamt einen massiven Mangel an Pflegekräften voraus. Bis zum Jahr 2025 wird ein Mangel an ausgebildeten Pflegekräften in einer Größenordnung von 64.000 bis 214.000 Pflegevollkräften vorhergesagt.[5]

Gleichzeitig scheint derzeit eine gewisse politische und gesetzgeberische Ratlosigkeit hinsichtlich der Lösung dieses Problems zu bestehen.

Unweigerlich ruft dies die Marktbeteiligten selbst auf den Plan, um Lösungen zu finden, etwa kurzfristige Bedarfsspitzen abzudecken oder überhaupt eine ausreichende Pflege zu gewährleisten.

Die im Markt anzutreffenden Modelle sind vielfältig. Lediglich beispielhaft sei hier der Einsatz selbstständiger Pflegekräfte oder das Entleihen von Pflegekräften aus Nachbarbetrieben erwähnt. Eben diese in der Praxis anzutreffenden Formen des Fremdpersonaleinsatzes stehen auch unter besonderer Beobachtung der Strafjustiz, wohnt diesen doch eine nicht unerhebliche Gefahrgeneigtheit im Hinblick auf die Verwirklichung von Straftatbeständen, insbesondere des § 266a StGB und den Vorschriften des AÜG, inne.

Vor diesem – zugegeben knapp zusammengefassten – Hintergrund soll sich der Vortrag dem Thema „Pflegedienste im Blick der Justiz" letztlich von zwei Seiten her nähern:

- Wegen der Neuregelung des AÜG zum Jahresanfang 2017 wird der Fokus insbesondere auf die Strafbarkeitsrisiken im Zusammenhang mit der Vermittlung ausländischer Pflegekräfte in die Bundesrepublik Deutschland gelegt.
- Anschließend soll der Bereich des Abrechnungsbetrugs noch Erwähnung finden. Auch wenn das Thema als solches nicht wirklich neu ist, so haben zuletzt die Ergebnisse des Projekts „Curafair"[6] des LKA NRW in Zusammenarbeit mit dem BKA gezeigt, dass jedoch die Dimension dieses Themas ein kaum für möglich gehaltenes Ausmaß besitzt.

---

5 *Welke*, GuP 2011, 139 unter Hinweis auf die jeweiligen Studien.
6 https://www.ris-muenchen.de/RII/RII/DOK/SITZUNGSVORLAGE/4722568.pdf vom 5.5.2017, zul. abgerufen am 18.4.2018.

II. Strafrechtliche Risiken im Zusammenhang mit dem Einsatz von Pflegepersonal

Leiharbeit hat Konjunktur. Im Jahr 2015 waren bundesweit insgesamt 961.000 Menschen als Leiharbeiter beschäftigt, ein absolutes Rekordhoch.[7] Gerade auch in der Pflege ist der Einsatz von Fremdpersonal ein verbreitetes Geschäftsmodell. Neben dem Einsatz selbstständiger Pflegekräfte erfreut sich auch hier die Überlassung von Pflegekräften großer Beliebtheit. Das hohe Gefälle von Arbeitsentgelten und Sozialabgaben in den einzelnen Mitgliedstaaten der EU gepaart mit den europarechtlichen Grundfreiheiten haben dabei dem grenzüberschreitenden Fremdpersonaleinkauf einen gehörigen Aufschwung beschert, gerade auch im Pflegebereich.[8]

So legitim die Motive der jeweiligen Pflegeeinrichtungen für den Einsatz von Fremdpersonal vor dem Hintergrund eines massiven Mangels an Pflegekräften auch sein mögen, die mit einem solchen Einsatz verbundenen rechtlichen Risiken sind gravierend und werden oft unterschätzt.

Doch: Woraus ergeben sich im Detail diese Risiken?

Die Antwort auf diese Frage führt unweigerlich zu einer Auseinandersetzung mit einer in der Strafjustiz, aber auch den Sozial-, Arbeits- und Finanzgerichten nahezu als „Dauerbrenner" bekannten Thematik: Scheinselbstständigkeit.

Das Risiko des Einsatzes von scheinselbstständigem Fremdpersonal hat im Gesundheitsbereich in den letzten Jahren stark an Bedeutung gewonnen. So hat etwa das Deutsche Ärzteblatt im Hinblick auf die Honorarärzte bereits 2011 auf die Risiken einer „Scheinselbstständigkeit" hingewiesen.[9] Für den Pflegebereich ist der Fremdpersonaleinsatz ohnehin von großer Bedeutung. Entpuppt sich Fremdpersonaleinsatz nachträglich als tatsächlich sozialversicherungspflichtige abhängige Beschäftigung, kann dies zuweilen weitreichende finanzielle Konsequenzen auch über das Strafrecht hinaus haben.

Als Einstieg in die Thematik soll ein kurzes Beispiel aus der Beratungspraxis dienen:

Eine Reha-Klinik verpflichtete sich im Rahmen eines Versorgungsvertrags im Sinne von § 111 SGB V gegenüber den gesetzlichen Krankenkas-

---

7 BT-Drs. 18/9557.
8 *Rolf/Bulian* CB 2017, 270.
9 Reiserer, Deutsches Ärzteblatt 2011, 2323.

sen zur Erbringung von Leistungen im Bereich der Geriatrie und Orthopädie.

Etwa ab Mitte der 2000er Jahre veränderte sich der Arbeitsmarkt für soziale Berufe, namentlich für Pflegekräfte grundlegend. Er wurde zunehmend von einer Entwicklung erfasst, die sich so gestaltete, dass feste Mitarbeiter in Kliniken und Pflegebetrieben kündigten, um dann ihre Leistungen den jeweiligen Leistungsträgern als Selbstständige anzubieten. Diese Entwicklung traf auch besagte Reha-Klinik. Vielfach verließen festangestellte Mitarbeiter die Klinik. Eine Nachbesetzung der offenen Stellen durch festangestellte Mitarbeiter war vor dem Hintergrund der Marktentwicklung kaum möglich. Eine Reduzierung des Leistungsspektrums kam vor dem Hintergrund des bestehenden Versorgungsauftrags ebenfalls nicht in Frage.

Um die insoweit entstandenen Personallücken zu füllen, griff die Klinik sodann auf das Angebot externer freier Mitarbeiter zurück.

Dieses Modell der Klinik rief im November 2015 die Zollbehörden auf den Plan, die in einer groß angelegten Durchsuchungsaktion dem Verdacht des Vorenthaltens und Veruntreuens von Arbeitsentgelt nachgingen.

A. (Rückwirkende) Sozialversicherungspflicht

Wenn sich der Einsatz von scheinbar selbstständigem Fremdpersonal als abhängige Beschäftigung herausstellt, entsteht zunächst ein schnell in große Dimensionen anwachsendes finanzielles Risiko:

Gem. § 28e Abs. 1 Satz 1 SGB IV schuldet der Arbeitgeber die auf die festgestellte abhängige Beschäftigung entfallenden Arbeitgeber- *und* Arbeitnehmeranteile der Sozialversicherungsbeiträge. Die jeweilige Pflegeeinrichtung als Arbeitgeber der fehlerhaft als selbstständig qualifizierten Pflegekraft ist somit für den gesamten Sozialversicherungsbeitrag (zuzüglich etwaiger Säumniszuschläge gem. § 24 SGB IV) haftbar.

Dieses finanzielle Risiko wird darüber hinaus dadurch erhöht, dass gem. § 14 Abs. 2 Satz 2 SGB IV das Gesetz für den Zweck der Nachforderung grundsätzlich eine Nettolohnvereinbarung unterstellt.

Ausgangspunkt der Berechnung der Beitragshöhe ist gem. § 14 Abs. 1 SGB IV grundsätzlich der Bruttoarbeitslohn, wie dieser zwischen Arbeitgeber und Arbeitnehmer vereinbart wurde. Im Rahmen der Beschäftigung Scheinselbstständiger wird zwar auch zwischen den Beteiligten eine entsprechende Vergütung vereinbart worden sein. Nachdem indes in diesen

Fällen gerade keine Steuern oder Sozialversicherungsbeiträge durch den Arbeitnehmer abgeführt werden, führt dies gem. § 14 Abs. 2 Satz 2 SGB IV dazu, dass das hier vereinbarte Entgelt als „Nettolohn" aufgefasst wird. Die insoweit nachträglich zu entrichtenden Beiträge werden daher nicht auf Basis des vereinbarten Entgelts berechnet, sondern auf Grundlage eines ausgehend von diesem fiktiven Nettolohn hochgerechneten Bruttolohns.[10]

Einschränkend ist jedoch anzumerken, dass nach der Rechtsprechung des BSG die Nettolohnfiktion in ihrer Anwendung zumindest bedingt vorsätzliches Verhalten voraussetzt, da andernfalls der dieser Vorschrift innewohnende Sanktionscharakter nicht zu rechtfertigen ist.[11]

Die Rückwirkung der Sozialversicherungspflicht beträgt dabei grundsätzlich vier Jahre. Dies jedoch nur dann, wenn nicht von einem vorsätzlichen Verhalten des Arbeitgebers auszugehen ist,[12] mithin also die unzutreffende Qualifizierung eines Fremdpersonaleinsatzes als „selbstständig" in unvorsätzlicher Verkennung der Sachlage erfolgte. Soweit hingegen von einem bewussten Verstoß auszugehen ist, eröffnet sich den Einzugsstellen ein potentieller Rückforderungszeitraum von 30 Jahren (§ 25 Abs. 1 SGB IV).

B. Regressrisiko in der Unfallversicherung

Neben dem Risiko, bei vorsätzlicher Beschäftigung von Scheinselbstständigen sozialversicherungsrechtlichen Rückforderungsansprüchen über 30 Jahre ausgesetzt zu sein, ergibt sich für die Betreiber von Pflegeeinrichtungen im Falle der Beschäftigung Scheinselbstständiger ein weiteres gravierendes finanzielles Risiko:

Jede sozialversicherungspflichtige Beschäftigung geht zwangsläufig mit einer gesetzlichen Unfallversicherungspflicht einher. Dabei kommt es auch hier nicht auf die äußere Bezeichnung an. Entscheidend ist vielmehr, wie die Beschäftigung zwischen den Vertragsparteien tatsächlich gelebt wird. Demnach unterfallen also auch Scheinselbstständige der gesetzlichen Unfallversicherung.[13]

---

10 *Zieglmeier* NJW 2015, 1914 (1916).
11 BSG, Urt. vom 9.11.2011 – B 12 R 18/09R.
12 Wobei bedingter Vorsatz genügt, KassKomm/*Zieglmeier* SGB IV § 25 Rn. 43.
13 KassKomm/*Lilienfeld* SGB VII § 2 Rn. 6, 6b; BGH NStZ 2015, 648 (649).

Nun sind aber auch Scheinselbstständige nicht gegen Berufs- und Wegeunfälle gefeit. Realisiert sich ein solches Risiko, kann der insoweit gem. § 2 Abs. 1 Nr. 1 SGB VII einstandspflichtige Versicherungsträger den Arbeitgeber gem. § 110 Abs. 1a SGB VII in Regress nehmen.[14]

Dabei ergibt sich im Hinblick auf die Unfallversicherung ein gesteigertes Risiko daraus, dass eine entsprechende Regresshaftung bereits allein aufgrund des Umstandes greift, dass der scheinbar selbstständig Beschäftige nicht zur Sozialversicherung angemeldet wurde (§ 28a Abs. 1 SGB IV). Gerade bei Fremdpersonaleinsatz auf selbstständiger Basis oder im Bereich der Leiharbeit wird dies grundsätzlich der Fall sein. Irrelevant ist dabei, ob die Nichtanmeldung vorsätzlich oder unverschuldet erfolgte.[15]

C. Steuerliche Risiken

Zu den bisher dargestellten finanziellen Risiken gesellt sich grundsätzlich auch das Risiko einer Inanspruchnahme der Pflegedienstbetriebe durch die Finanzbehörden im Hinblick auf die Lohn- und Umsatzsteuer.

Dabei ist jedoch aus praktischer Sicht das steuerliche Thema in der Regel am einfachsten zu handhaben.

Auch wenn die über § 42d EStG eintretende Haftung des Pflegebetriebs als Arbeitgeber der fälschlich als selbstständig beschäftigten Pflegekraft grundsätzlich rein rechtlich betrachtet zu einem finanziellen Risiko führt, realisiert sich dieses in der Praxis nur sehr selten. Erfahrungsgemäß versteuern nämlich die scheinselbstständigen freien Mitarbeiter in sehr großer Zahl die aus dieser Tätigkeit erzielten Einnahmen ordnungsgemäß, sodass sich hier letztlich ein Nullsummenspiel für die Finanzbehörden ergibt.

Ähnlich verhält es sich auch im Hinblick auf etwaige zu Unrecht geltend gemachte Umsatzsteuererstattungen aus den Rechnungen der Scheinselbstständigen. Auch hier läuft das finanzielle Risiko am Ende des Tages auf ein reines Nullsummenspiel durch die Rückerstattung der zu Unrecht gezogenen Vorsteuer hinaus.

Dies hat jedenfalls bei einer Reihe von Staatsanwaltschaften regelmäßig zur Folge, dass die mit der Beschäftigung von Scheinselbstständigen ein-

---

14 ErfK/*Rolfs* SGB VII § 110 Rn. 3, 8 f.
15 *Rolf/Bulian*, aaO.

hergehenden Steuerdelikte über § 154 StPO von der Strafverfolgung ausgenommen werden.

Ohne dies im Einzelnen näher vertiefen zu wollen, sei auf ein in der Praxis viel bedeutsameres Strafbarkeitsrisiko im Kontext der Beschäftigung von Scheinselbstständigen hingewiesen:

Aus § 153 Abs. 1 Satz 1 AO ergibt sich eine grundsätzliche Korrekturpflicht von in der Vergangenheit abgegebenen unrichtigen Erklärungen innerhalb der Festsetzungsverjährung, sofern jedenfalls die Verkürzung von Steuern in Folge der Unrichtigkeit möglich erscheint. Diese Berichtigungspflicht tritt mit der Erkenntnis des Steuerpflichtigen von diesen Umständen ein und ist dabei unabhängig davon, ob diese Erklärungen vorsätzlich falsch waren.[16] Ein Unterlassen der Korrektur bringt über § 370 Abs. 1 Nr. 2 AO das Risiko einer strafbaren Steuerhinterziehung mit sich.

Häufig wenig beachtet ist jedoch, dass diese Korrekturpflicht nicht nur denjenigen trifft, der auch für die Abgabe der falschen Steuererklärung verantwortlich war, etwa den Geschäftsführer einer Pflegeeinrichtung. Vielmehr trifft diese auch und gerade dessen Funktionsnachfolger.[17]

D. Strafrechtliche Sanktionen

Im Folgenden werden die strafrechtlichen und auch ordnungswidrigkeitenrechtlichen Risiken des Fremdpersonaleinsatzes behandelt. Dabei können grundlegend folgende Bereiche unterschieden werden:

- Strafbarkeitsrisiken im Hinblick auf § 266a StGB
- Strafbarkeitsrisiken im Hinblick auf § 370 AO
- Bußgeldtatbestände des AÜG
- Weitere ordnungswidrigkeitenrechtliche Fragestellungen

Dreh- und Angelpunkt der gesamten Thematik ist die Abgrenzung zwischen selbstständiger und abhängiger Beschäftigung.

---

16 *Koenig/Cöster* AO § 153 Rn. 19 f.
17 BFH BeckRS 2007, 25011868.

1. Freie Mitarbeit in der Pflege

Eine rechtlich gebotene Umqualifizierung einer (scheinbaren) selbstständigen Beschäftigung in ein abhängiges Beschäftigungsverhältnisses bringt – wie ausgeführt – ein nicht unerhebliches finanzielles Risiko mit sich, das gerade bei einer größeren Zahl von Beschäftigten möglicherweise Millionensummen erreichen kann.

Allerdings fehlen zuweilen konsistente Abgrenzungskriterien, die im Vorfeld eine verlässliche Prognose zulassen. Zwar steht mit dem Statusfeststellungsverfahren ein Instrumentarium zur Verfügung, das gerade diese Klarheit für die jeweiligen Arbeitgeber schaffen sollte. Gem. § 7a SGB IV besteht die Möglichkeit, im Wege eines Antragsverfahrens durch die deutsche Rentenversicherung Bund den Status eines Beschäftigten verbindlich klären zu lassen. Auf diesem Weg kann zweifelsohne ein strafrechtliches Risiko vermieden werden, da eine entsprechende sozialversicherungsrechtliche und steuerliche Behandlung des Beschäftigten in Einklang mit dem Ergebnis des Antragsverfahrens den Vorsatz entfallen lässt. Erfahrungen aus der Praxis zeigen jedoch, dass zuweilen gleichgelagerte Sachverhalte durch die Clearingstellen unterschiedlich behandelt werden und darüber hinaus in einer Mehrzahl der durchgeführten Antragsverfahren die Statusfeststellung mit einem Bescheid über eine abhängige Beschäftigung endet.[18]

Den berechtigten Interessen der Pflegedienste am Einsatz freier Mitarbeiter wird dieses Verfahren daher nur bedingt gerecht, sodass weiterhin ein großer Beratungsbedarf verbleibt, soll ein Fremdpersonaleinsatz in einem Pflegebetrieb den gesetzlichen Anforderungen genügen.

Auch wenn letztlich die statusrechtliche Bewertung einzelfallbezogen und unter Abwägung der konkreten Umstände des jeweiligen Sachverhalts vorgenommen werden muss, so lassen sich einige allgemeine Kriterien zur Abgrenzung heranziehen.

---

18 BT-Drs. 18/11982 S. 1, 3. Anmerkung: Es handelt sich um eine kleine Anfrage, in deren Vorbemerkung der Fragesteller das Problem inkohärenter Entscheidungen anspricht. Die Statistiken selbst beziehen sich nicht ausschließlich auf Pflegeberufe und das Verhältnis selbstständig/abhängig ist etwa ausgeglichen.

a. Kriterien zur Abgrenzung

aa) gesetzlicher Rahmen

- § 7 Abs. 1 SGB IV
 Ausgangspunkt im Recht der Sozialversicherung für die Abgrenzung selbstständiger Tätigkeit von abhängiger Beschäftigung ist die Legaldefinition der Beschäftigung in § 7 Abs. 1 SGB IV:
 "Beschäftigung ist die nichtselbstständige Arbeit, insbesondere in einem Arbeitsverhältnis. Anhaltspunkt für eine Beschäftigung sind eine Tätigkeit nach Weisungen und eine Eingliederung in die Arbeitsorganisation des Weisungsgebers."
- § 611a BGB
 Aus arbeitsrechtlicher Sicht gibt der jüngst eingeführte § 611a BGB weitere Kriterien an die Hand, welchen Umständen des Einzelfalls im Rahmen einer Statusbewertung besondere Aufmerksamkeit zu schenken ist. Entsprechend der gesetzlichen Definition wird durch einen Arbeitsvertrag der Arbeitnehmer im Dienste eines anderen zur Leistung weisungsgebundener, fremdbestimmter Arbeit in persönlicher Abhängigkeit verpflichtet. Das Weisungsrecht kann dabei Inhalt, Durchführung, Zeit und Ort der Tätigkeit betreffen. Damit wurden letztlich die im Rahmen der Arbeitsgerichtsbarkeit entwickelten Maßstäbe zur Bestimmung abhängiger Beschäftigungen nunmehr gesetzlich kodifiziert.[19]

bb) „Katalog-Entscheidungen" der Rentenversicherung

Neben diesen gesetzlichen Legaldefinitionen unternehmen die Sozialversicherungsträger den Versuch bestimmte Tätigkeiten katalogartig zu erfassen und statusrechtlich zu beurteilen. Ausweislich eines Rundschreibens

---

19 Dem Wortlaut des § 611a BGB lag ausweislich der Entwurfsbegründung u.a. die Entscheidung des BAG vom 15.2.2012 – 10 AZR 201/10 zugrunde, welche die in der BAG-Rspr. entwickelten Kriterien zusammenfassend wiedergibt. BT-Drs. 18/9232, S. 31 f.

der Spitzenverbände vom 13.4.2010[20] findet sich zu dem Stichwort „Pflegekraft" dort folgende Eintragung:

„Bei regelmäßiger Erbringung von Pflegeleistungen für einen anderen Vertragspartner als den Patienten besteht ein Beschäftigungsverhältnis, wenn nicht besondere Umstände hinzutreten, die die Abhängigkeit der Pflegekraft im Einzelfall aufheben."

Von Seiten der Sozialversicherungsträger besteht offensichtlich eine grundlegende Skepsis an dem Modell der „freien Mitarbeit in der Pflege".

cc) Besonderheiten der Pflegeberufe

Zuweilen finden sich in der sozialgerichtlichen Rechtsprechung Entscheidungen, die den Rückschluss zulassen könnten, dass eine „freie Mitarbeit" in der Pflege aufgrund der besonderen rechtlichen Rahmenbedingungen per se gar nicht denkbar sei.

So hat etwa das SG Braunschweig in einer Entscheidung vom 28.10.2008[21] zur Beurteilung des sozialrechtlichen Status von Pflegekräften in einem ambulanten Pflegedienst unter anderem darauf abgestellt, dass die Pflegedienste die Vorgaben aus ärztlichen Verordnungen, die Anweisungen des MDK oder des Kostenträgers letztlich punktgenau an die Pflegekräfte weiterzugeben haben. Das Gericht ließ letztlich offen, ob der Einsatz von selbstständigen Honorarkräften in der ambulanten Pflege schon per se durch die vertraglichen Verpflichtungen aus dem Rahmenvertrag gem. § 132a Abs. 4 SGB V ausgeschlossen ist.

Die auf Grundlage des § 132a SGB V zwischen den Landesverbänden der Krankenkassen, der Ersatzkassen und den Spitzenverbänden der Pflegebranche geschlossenen Rahmenverträge beinhalten regelmäßig eine Vielzahl von Regelungen, die insbesondere auch die Qualitätssicherung pflegerischer Leistungen beinhalten und damit letztlich eine strenge Eingliederung der Pflegekräfte in die betriebliche Organisation des Pflegedienstes erfordern. Dass die Umsetzung dieser rahmenvertraglichen Vor-

---

20 Anlage 5 des Rundschreibens der Spitzenorganisationen der Sozialversicherung vom 13.4.2010 S. 15, https://www.deutsche-rentenversicherung.de/Allgemein/de/Inhalt/3_Infos_fuer_Experten/02_arbeitgeber_steuerberater/01a_summa_summarum/04_rundschreiben/2010/april_rs_selbstaendigkeit_anlagen.html, zul. abgerufen am 18.4.2018.
21 SG Braunschweig Urt. v. 28.10.2008 – 6 KR 320/05, BeckRS 2008, 57901.

gaben letztlich einen weisungsgebundenen Einsatz der jeweiligen Pflegekräfte jedenfalls faktisch nach sich zieht, wirkt bereits per gesetzlicher Definition als Indiz für das Vorliegen abhängiger Beschäftigungen.

In ähnlicher Weise argumentiert das LSG Baden-Württemberg in einer Entscheidung vom 19.10.2012.[22] Das Gericht stellte hier für eine Statusbeurteilung einer Pflegekraft in einem stationären Pflegedienst maßgeblich auf die Vorschriften zur Zulassung einer Pflegeeinrichtung zur Pflege durch einen Versorgungsvertrag nach § 72 SGB XI ab.

Hiernach besteht für stationäre Pflegeeinrichtungen die Verpflichtung, die Pflegebedürftigen unter ständiger Verantwortung einer ausgebildeten Pflegekraft zu versorgen und nach § 72 Abs. 3 SGB XI gegenüber den Krankenkassen für eine wirtschaftliche und leistungsfähige pflegerische Versorgung zu sorgen. Dies führt im Ergebnis dazu, dass sich die in den Pflegeheimen eingesetzten Pflegekräfte eng an die Vorgaben der regelmäßig festangestellten Pflegedienstleitung halten müssen, da der jeweilige Leistungserbringer nur so sichergehen kann, dass die sich aus dem Versorgungsvertrag und den gesetzlichen Vorgaben des § 72 SGB XI ergebenden Verpflichtungen auch eingehalten werden. Dies führt aber, da sich diese vertraglichen Verpflichtungen auf das gesamte eingesetzte Pflegepersonal erstrecken, im Ergebnis zu einem umfassenden Weisungsrecht des Betreibers hinsichtlich Art, Ort und Dauer der Tätigkeit des Pflegepersonals.

Mit Blick auf diese beiden Entscheidungen, gepaart mit der katalogmäßigen Klassifizierung der Pflegekräfte als abhängig Beschäftigte durch die DRV, verbleibt kaum denkbarer Raum für die Beschäftigung selbstständiger Honorarkräfte in der Pflege.

Indes zeigt aber ein vertiefter Blick in die Rechtsprechung der Sozialgerichte, dass es auch im Bereich der Pflege Modelle der freien Mitarbeit geben kann.

dd) Kriterienkatalog

Aus der unübersichtlichen Kasuistik der Sozialgerichte zur Frage der Abgrenzung selbstständiger Tätigkeit von abhängiger Beschäftigung soll ein Kriterienkatalog hergeleitet werden; ohne Anspruch auf Vollständigkeit:

---

22 LSG Baden-Württemberg Urt. v. 19.10.2012 – L 4 R 761/11, BeckRS 2013, 65910.

- *Wille der Parteien*
  Im Hinblick auf die Qualifizierung eines Fremdpersonaleinsatzes als selbstständig bzw. abhängig beschäftigt kommt dem Willen der beteiligten Parteien eine entscheidende Bedeutung zu, insbesondere dann, wenn sich die Kriterien, die für oder gegen eine abhängige Beschäftigung streiten, im Wesentlichen die Waage halten: BSG, Urteil vom 28.5.2008[23]; LSG Bayern, Urteil vom 21.12.2004[24]; LSG Schleswig-Holstein, Beschluss vom 4.11.2016[25].
  Der Wille der Parteien ist damit zwar nicht allein ausschlaggebend, kann jedoch gerade in Zweifelsfällen das Zünglein an der Waage sein. Dabei stellt sich aber die rein praktische Frage, wie dieser Wille letztlich ermittelt werden kann, zumal ja nach der sozialgerichtlichen Rechtsprechung die Bezeichnung eines Vertrages als „Werkvertrag" oder ähnliches nicht ausschlaggebend ist, sondern es auf die tatsächliche Umsetzung des Vertrages ankommt.
- *Einsätze nur nach vorheriger einvernehmlicher Vereinbarung und nach Verfügbarkeit der Pflegekraft*
  Die Qualifizierung des Einsatzes einer Pflegekraft „auf selbstständiger Basis" oder „in abhängiger Beschäftigung" ist eng verknüpft mit der Frage nach der organisatorischen Eingliederung in den jeweiligen Pflegebetrieb. Hier ergibt sich im Pflegebereich ein grundlegendes Problem: Pflegeeinrichtungen – sei es stationär oder ambulant – werden durch einen straff organisierten und eng getakteten Arbeitsalltag bestimmt. Einsätze erfolgen auf Grundlage von Dienstplänen und in Schichten. Bestimmte pflegerische Tätigkeiten sind zu bestimmten Zeiten in einem fest eingefassten Tagesablauf der Patienten zu erbringen.
  Mit anderen Worten: einen gewissen Grad an Eingliederung in die Betriebsorganisation der Pflegeeinrichtung lässt sich bereits aufgrund der Art der ausgeübten Tätigkeit nicht vermeiden.
  In diesem Kontext spricht sicherlich gegen eine abhängige Beschäftigung, wenn die Einsätze eine Pflegekraft nur nach jeweiliger vorheriger einvernehmlicher Vereinbarung im Einzelfall und nur nach deren Verfügbarkeit festgelegt werden. Ein solches Vorgehen ist bei abhängig

---

23 BSG Urt. v. 28.5.2008 – B 12 KR 13/07 R, BeckRS 2008, 54573.
24 LSG Bayern Urt. v. 21.12.2004 – L 5 KR 210/03, BeckRS 9999, 09799.
25 LSG Schleswig-Holstein Beschl. v. 4.11.2016 – L 5 KR 162/16 B ER, BeckRS 2016, 74116.

Beschäftigten untypisch, von denen ständige Dienstbereitschaft erwartet wird: LSG Baden-Württemberg, Urteil vom 19.4.2016.[26]
- *Keine Teilnahme an Fortbildungen oder Dienstbesprechungen; keine Übernahme zusätzlicher Aufgaben im Vergleich zu angestellten Pflegekräften*
  Gegen eine ein abhängiges Beschäftigungsverhältnis begründende Eingliederung in die betriebliche Organisation eines Pflegedienstes spricht, wenn sich etwa hinsichtlich gewährter Vorteile – wie etwa Weiter- und Fortbildungsveranstaltungen – oder der Auferlegung weiterer, nicht pflegetypischer Aufgaben, Unterschiede zwischen „freien Mitarbeitern" und abhängig Beschäftigten ergeben: LSG Schleswig-Holstein, Urteil vom 11.5.2017.[27]
  Gerade im Hinblick auf Fortbildungsveranstaltungen gehört es zu dem typischen unternehmerischen Risiko, dass Investitionen mangels entsprechender Auftragslage unrentabel sein können. Die Übernahme derartiger Kosten durch den Pflegedienst kann daher für eine abhängige Beschäftigung sprechen: LSG Baden-Württemberg, Urteil vom 19.4.2016[28]; BSG, Urteil vom 28.9.2011[29]; BSG, Urteil vom 25.4.2012[30]; LSG Baden-Württemberg, Urteil vom 19.10.2012[31].
- *Einteilung in den Dienstplan*
  Die Einteilung einer Pflegekraft in einen Dienstplan ist grundsätzlich Ausdruck einer organisatorischen Eingliederung. Insoweit hat dies auch etwa das LSG Nordrhein-Westfalen[32] dazu bewogen eine abhängige Beschäftigung anzunehmen, sofern die Pflegekraft auf die Einteilung keinen Einfluss nehmen konnte.
  Demgegenüber dürfte dies dann anders zu beurteilen sein, wenn die Einteilung nur in Rücksprache und nach Verfügbarkeit mit der jeweiligen Pflegekraft erfolgt. Da die Erfassung der Dienste der jeweils – egal auf welcher Grundlage – eingesetzten Pflegekräfte in einem Dienstplan letztlich zwingende Voraussetzung für den reibungslosen Ablauf einer Pflegeeinrichtung ist, zeigt sich dieses Kriterium bei genauer Betrach-

---

[26] LSG Baden-Württemberg Urt. v. 19.4.2016 – L 11 R 2428/15, BeckRS 2016, 69376.
[27] LSG Schleswig-Holstein Urt. v. 11.5.2017 – L 5 KR 90/15, BeckRS 2017, 115541.
[28] LSG Baden-Württemberg Urt. v. 19.4.2016 – L 11 R 2428/15, BeckRS 2016, 69376.
[29] BSG Urt. V. 28.9.2011 – B 12 R 17/09; DStR 2012, 1141.
[30] BSG Urt. v. 25.4.2012 – B 12 KR 14/10 R, BeckRS 2012, 74813.
[31] LSG Baden-Württemberg Urt. v. 19.10.2012 – L 4 R 761/11, BeckRS 2013, 65910.
[32] LSG Nordrhein-Westfalen Urt. v. 26.11.2014 – L 8 R 573/12, BeckRS 2014, 73993.

tung für sich genommen als ungeeignet für die vorzunehmende Abgrenzung: LSG Baden-Württemberg, Urteil vom 24.2.2015[33]; LSG Baden-Württemberg, Urteil vom 19.4.2016[34].

- *Gestellung von Dienstkleidung*
Auch die Gestellung von Dienstkleidung oder sonstigen Betriebsmitteln ist als Indiz grundsätzlich Ausdruck einer organisatorischen Eingliederung. Gleichzeitig ist aber insoweit ebenfalls wieder festzustellen, dass dies letztlich auch die Ausübung des Pflegeberufes mit sich bringt. Der Gestellung von Dienstkleidung wird daher zuweilen in der sozialgerichtlichen Rechtsprechung keine Bedeutung für die Abgrenzung zwischen „abhängiger Beschäftigung" und „freier Mitarbeit" zugesprochen: LAG Mecklenburg-Vorpommern, Urteil vom 30.9.2014[35]; LSG Baden-Württemberg, Beschluss vom 10.6.2016[36]; BSG, Urteil vom 30.10.2013[37].

- *Honorar nur für tatsächlich geleistete Arbeitsstunden*
Die Art der Vergütung kann ebenfalls Anhaltspunkt für die statusrechtliche Qualifizierung sein. Arbeitnehmer werden für ihre Arbeitsbereitschaft bezahlt, unabhängig davon, ob diese auch tatsächlich abgerufen und in welcher Qualität sie erbracht wird (LSG Baden-Württemberg, Urteil vom 10.6.2016[38]). Eine anhand der Anzahl der erbrachten Stunden geleistete Vergütung stellt hingegen ein Indiz für eine selbstständige Beschäftigung der Pflegekraft dar.

Wie bereits diese voranstehende Aufzählung zeigt, ergibt sich aus der Rechtsprechung der Sozialgerichte eine Vielzahl von Kriterien, die zur Statusbestimmung herangezogen werden können. Auch wenn sich hier eine große Einzelfallkasuistik zeigt, so können doch im Ergebnis zwei große Leitlinien festgehalten werden:

- Nimmt man die Frage der Auftragsannahme durch die Pflegekraft als Bezugspunkt für die Statusfeststellung, so bleibt auch im Pflegebereich

---

33 LSG Baden-Württemberg Urt. v. 24.2.2015 – L 11 R 2016/13, BeckRS 2015, 67559.
34 LSG Baden-Württemberg Urt. v. 19.4.2016 – L 11 R 2428/15, BeckRS 2016, 69376.
35 LAG Mecklenburg-Vorpommern Urt. v. 30.9.2014 – 2 Sa 77/14, BeckRS 2015, 68337.
36 LSG Baden-Württemberg Beschl. v. 10.6.2016 – L 4 R 3072/15, BeckRS 2016, 70773.
37 BSG Urt. v. 30.10.2013 – B 12 R 3/12 R, BeckRS 2014, 67951.
38 LSG Baden-Württemberg Beschl. v. 10.6.2016 – L 4 R 3072/15, BeckRS 2016, 70773.

Raum für einen Fremdpersonaleinsatz von selbstständigen Pflegekräften, sofern diesen die Entscheidungsgewalt über die Annahme des Auftrags in jedem Einzelfall obliegt.
- Richtet man hingegen den Fokus der Betrachtung auf die – zwingend aus der Natur der Sache folgende – enge organisatorische und weisungsabhängige Eingliederung der Pflegekraft in den Arbeitsalltag einer Pflegeeinrichtung, so verbleibt für eine freie Mitarbeit im Ergebnis wenig Raum.

Vorgaben dazu, welcher dieser beiden Blickwinkel bei der Betrachtung einzunehmen ist, gibt das Gesetz letztlich nicht.

Demnach schließt sich der Kreis:

Eine sichere und verlässliche Prognose hinsichtlich der Qualifizierung einer eingesetzten externen Pflegekraft als „selbstständig" ist vor diesem Hintergrund kaum möglich. Selbst gleichgelagerte Sachverhalte können – wie aufgezeigt – je nach dem eingenommenen Standpunkt einer unterschiedlichen Beurteilung zugeführt werden.

b. Neue Entwicklung in der Rechtsprechung

Auch wenn die sozialgerichtliche Rechtsprechung im Pflegebereich unübersichtlich ist und letztlich keiner einheitlichen Linie folgt, hat sich das BSG in einer aktuellen Entscheidung vom 31.3.2017[39] zu einem weiteren – über die zuvor bereits benannten hinausgehenden – Kriterium und dessen Indizwirkung im Rahmen der statusrechtlichen Beurteilung geäußert. Dieser BSG-Entscheidung kann dabei grundlegende Bedeutung beigemessen werden:

Hiernach stellt die Höhe des vereinbarten Entgelts ein gewichtiges Indiz für eine selbstständige Beschäftigung dar, wenn es deutlich über dem Arbeitsentgelt eines vergleichbar eingesetzten sozialversicherungspflichtigen Beschäftigten liegt und dadurch eine Eigenvorsorge zulässt. Dieser Entscheidung folgend hat auch das LSG Schleswig-Holstein mit Urteil vom 11.5.2017[40] ein Entgelt, das seiner Höhe nach eine angemessene Ei-

---

[39] BSG Urt. v. 31.3.2017 – B 12 R 7/15 R, BeckRS 2017, 114148 Rn. 50 = DStR 2017, 2500 Rn. 50.
[40] LSG Schleswig-Holstein Urt. v. 11.5.2017 – L 5 KR 90/15, BeckRS 2017, 115541.

genvorsorge zulässt, als starkes Indiz für eine selbstständige Tätigkeit bewertet.

Diese Entscheidungen sind vor dem Hintergrund der zuvor erwähnten Schwierigkeiten einer statusrechtlichen Beurteilung deshalb von besonderer Bedeutung, weil sie einen neuen Blickwinkel ermöglicht. Es ist im Ergebnis unerheblich, ob man den Auftrag in seiner Gesamtheit in Blick nimmt oder die denknotwendige organisatorische Eingliederung der Pflegekraft in die täglichen Arbeitsabläufe des Pflegebetriebs. Die Frage nach der Höhe des Entgelts und der sich daraus ergebenden Möglichkeit zur Eigenvorsorge kann davon völlig losgelöst betrachtet werden.

c. Zusammenfassung

Zusammenfassend kann an dieser Stelle festgehalten werden:

Die Frage nach dem zulässigen Einsatz selbstständiger Pflegekräfte – sowohl im ambulanten, als auch stationären Sektor – ist nicht risikofrei zu beantworten.

Die gesetzlich festgeschriebenen Legaldefinitionen geben hier nur wenig her und die pauschale Katalogisierung der Pflegeberufe durch die Sozialversicherungsträger führt im Ergebnis zu einem hohen Begründungsaufwand für eine selbstständige Beschäftigung.

Hinzu kommt, dass sowohl die rechtlichen Rahmenbedingungen der Pflege, aber auch die schlichten alltäglichen Notwendigkeiten im Rahmen der Ausübung des Pflegeberufs und der Organisation eines Pflegebetriebs zwangsläufig zu einer organisatorischen Eingliederung der jeweiligen „externen" Pflegekräfte führen.

Die sozialversicherungsrechtliche Rechtsprechung ist daher unübersichtlich und auch nicht einheitlich. Abhängig davon, ob der Fokus auf die Auftragsannahme durch die Pflegekraft oder deren organisatorische Einbindung nach entsprechender Auftragsannahme gelegt wird, kann der gleiche Lebenssachverhalt unterschiedlichen Bewertungen zugeführt werden.

Ob die aktuelle Entscheidung des BSG zukünftig zu einer Einschränkung auch der strafrechtlichen Risiken führen wird, bleibt abzuwarten.

2. Folgen illegaler Arbeitnehmerüberlassung

Nicht nur die Frage nach der Abgrenzung „Selbstständigkeit" / „abhängige Beschäftigung" ist mit finanziellen und strafrechtlichen Risiken für die Betreiber ambulanter oder stationärer Pflegedienste behaftet.

Gerade in der Pflegebranche hat der Mangel an qualifizierten Fachkräften der (auch grenzüberschreitenden) Leiharbeit einen kräftigen Aufschwung beschert.[41] Dies ist letztlich ganz pragmatisch aus den Vorteilen der Arbeitnehmerüberlassung erklärbar. Gerade in Zeiten der Personalnot ist es ein legitimer Wunsch der Pflegebranche, nur vorrübergehenden Bedarf mittels Personals abzudecken, das nicht die gleichen sozialen Schutzrechte (insb. Kündigung, Entgeltfortzahlung etc.) genießt wie die eigene Stammbelegschaft. Dabei galt gerade in Fällen des grenzüberschreitenden Fremdpersonaleinsatzes die A1-Bescheinigung vielfach als Schutzschild vor strafrechtlicher Ahndung[42].

Hinzu kommt, dass mit der Neuregelung des AÜG im Jahr 2017 weitere Tatbestände geschaffen wurden, deren Verletzung letztlich zu einem fingierten Arbeitsverhältnis zwischen dem Entleiher und der beschäftigten Pflegekraft und damit auch zu strafrechtlichen Folgen führt.

a. Begriffsdefinition des AÜG

Nach der Rechtsprechung des BAG liegt eine Arbeitnehmerüberlassung dann vor, wenn

„einem Entleiher Arbeitskräfte zur Verfügung gestellt werden, die in dessen Betrieb eingegliedert sind und ihre Arbeiten allein nach Weisungen des Entleihers und dessen Interessen ausführen." (BAG Urteil vom 18.1.2012[43]). Diese Urteilsfeststellung hat nunmehr durch die Reform des AÜG zum 1.4.2017 in § 1 Abs. 1 Satz 2 AÜG als Definition der Arbeitnehmerüberlassung Gesetzeskraft erlangt.

---

41 https://www.swr.de/landesschau-rp/zeitarbeit-in-der-pflege-ohne-leiharbeiter-lauft-nichts-mehr/-/id=122144/did=19744086/nid=122144/7f76mr/index.html_vom 1.8.2017, zul. abgerufen am 18.4.2018.

42 Jedenfalls mit Blick auf bußgeldrechtliche Folgen hat das OLG Bamberg, Beschl. v. 9.8.2016 – 3 Ss Owi 494/16, DstR 2016, 2349, nunmehr hier neue Risiken geschaffen; vgl. unten unter Ziffer 3. b.

43 BAG Urt. v. 18.1.2012 – 7 AZR 723/10, BeckRS 2012, 69565.

Die arbeitsgerichtliche Rechtsprechung hat dabei Kriterien entwickelt, die den Einsatz von Leiharbeitnehmern von der Beauftragung selbstständiger Subunternehmer abgrenzen. Insoweit stellen sich also auch hier die bereits zuvor diskutierten grundlegenden Abgrenzungsfragen zwischen Selbstständigkeit und Scheinselbstständigkeit.

b. Illegale Arbeitnehmerüberlassung und ihre Folgen

Unter dem Begriff der „illegalen Arbeitnehmerüberlassung" sind Fälle zu verstehen, in denen es zum Einsatz von Fremdpersonal vermittelt über einen Dritten auf scheinbar eigenständiger Basis kommt. Oder mit anderen Worten: Auf dem Etikett steht zwar Werkvertrag drauf, es steckt aber Arbeitnehmerüberlassung drin.

Stellt sich beispielsweise anlässlich einer sozialversicherungsrechtlichen Betriebsprüfung gem. § 28p Abs. 1 S. 5 SGB IV eine solche vermeintliche selbstständige Tätigkeit im Ergebnis als Arbeitnehmerüberlassung im Sinne des AÜG dar, hat dies entsprechende Folgen:

Da regelmäßig der entleihende Dritte nicht über die entsprechende Erlaubnis nach § 1 AÜG verfügt, sind sowohl das Arbeitsverhältnis zwischen dem Verleiher und der Pflegekraft, als auch der Überlassungsvertrag zwischen Verleiher und Pflegebetrieb gemäß § 9 Nr. 1 AÜG unwirksam. Gleichzeitig wird über § 10 Abs. 1 Satz 1 AÜG ein Arbeitsverhältnis mit dem Entleiher fingiert, mit Konsequenzen im Hinblick auf die sozialversicherungsrechtliche Beitragshaftung:

Aufgrund der Fiktion des § 10 Abs. 1 Satz 1 AÜG obliegt nach § 28e Abs. 1 SGB IV dem Entleiher auch die Arbeitgeberpflicht zur Zahlung des Gesamtsozialversicherungsbeitrags.

Aber auch den Verleiher treffen weiter sozialversicherungsrechtliche Pflichten. Die über § 9 AÜG eintretende Unwirksamkeit des Arbeitsvertrages führt keineswegs zwingend zum Wegfall seiner sozialversicherungsrechtlichen Beitragsverantwortlichkeit. Vielmehr haftet gem. § 28e Abs. 2 Satz 3 und 4 SGB IV auch der Verleiher als Gesamtschuldner, sofern dieser das Entgelt oder Teile des Entgelts an die entliehene Pflegekraft entrichtet.

Dabei ist zu beachten, dass sich ausgehend von der Regelung des § 10 AÜG der Inhalt dieses fiktiven Arbeitsvertrages gem. § 10 Abs. 1 Satz 2, 3 AÜG hinsichtlich der Arbeitszeit und einer eventuellen Befristung nach den zwischen Leiharbeitnehmer und Verleiher ursprünglich vereinbarten

Konditionen, hinsichtlich des Entgelts aber nach den für den Betrieb des Entleihers oder vergleichbare Betriebe geltenden üblichen Vorschriften und Regelungen bestimmt (§ 10 Abs. 1 Satz 4 AÜG).

c. Risikobehaftete Neuerungen des AÜG 2017

Mit der Neuregelung des AÜG zum 1.4.2017 ist dieses Risiko aufgrund der Ausweitung der Fiktionswirkung des § 10 AÜG weiter gewachsen.

aa. Kennzeichnungspflicht

Nach § 1 Abs. 1 Satz 5 AÜG müssen Verleiher und Entleiher künftig die Überlassung von Leiharbeitnehmern ausdrücklich in dem maßgeblichen Vertragswerk auch als solche bezeichnen, bevor es zur Tätigkeitsaufnahme des Leiharbeitnehmers im Betrieb des Entleihers kommt.
Darüber hinaus sieht § 1 Abs. 1 S. 6 AÜG eine Personalisierung des Überlassungsvertrags dergestalt vor, dass die Person namentlich benannt werden muss.

bb. Höchstdauer der Überlassung

Ebenfalls neu ist, dass die Höchstdauer der Überlassung nunmehr gem. § 1 Abs. 1b S. 1 AÜG auf 18 Monate an den gleichen Entleiher beschränkt ist.
Dabei werden im Rahmen der Berechnung der Höchstdauer auch Zeiträume vorheriger Überlassungen an denselben Entleiher erfasst. Dies ist auch dann der Fall, wenn der konkrete Arbeitnehmer durch einen anderen Verleiher an denselben Entleiher überlassen wurde.
Die Berechnung der Höchstdauer ist demnach arbeitnehmerbezogen und bezogen auf das ausleihende Unternehmen.

cc. Rechtsfolgen bei Verstößen

Nicht nur die erlaubnislose Arbeitnehmerüberlassung führt in Zukunft zur Unwirksamkeit der bestehenden Verträge zwischen den Parteien. Auch (selbst bei ansonsten bestehender Erlaubnis im Sinne des § 1 AÜG) führt gem. § 9 Nr. 1a AÜG ein Verstoß gegen die Kennzeichnungs- und Personalisierungspflicht sowie gem. § 9 Nr. 1b AÜG ein Verstoß gegen die Höchstüberlassungsdauer zur Unwirksamkeit der unter den Beteiligten geschlossenen Verträge und zur Fiktion eines Arbeitsverhältnisses zwischen Entleiher und Arbeitnehmer (§ 10 Abs. 1 AÜG).

Die sich daraus ergebenden sozialversicherungsrechtlichen und die damit einhergehenden strafrechtlichen Konsequenzen entsprechen den Fällen der illegalen, da erlaubnislosen Arbeitnehmerüberlassung. Gem. § 28e Abs. 2 Satz 3 und 4 SGB IV können grundsätzlich sowohl Verleiher, als auch Entleiher für den Gesamtsozialversicherungsbeitrag als Gesamtschuldner haftbar und eine Nichtabführung der Sozialversicherungsbeiträge gem. § 266a StGB strafbar sein.

3. Strafrechtliche Konsequenzen

Der Einsatz von selbstständigen Honorarkräften in der Pflege und die Überschreitung der Grenzen der rechtmäßigen Arbeitnehmerüberlassung sind mit strafrechtlichen Risiken behaftet.

a. Strafbarkeit nach § 266a StGB bei Beschäftigung Scheinselbstständiger und bei illegaler Arbeitnehmerüberlassung

Wer als Arbeitgeber der Einzugsstelle Beiträge des Arbeitnehmers zur Sozialversicherung einschließlich der Arbeitsförderung vorenthält, unabhängig davon, ob das Arbeitsentgelt gezahlt wird, wird mit Freiheitsstrafe bis zu fünf Jahren oder Geldstrafe bestraft.

§ 266a Abs. 1 und Abs. 2 StGB schützen nicht die Interessen des einzelnen Arbeitnehmers, sondern das Interesse der Solidargemeinschaft am Bestand der Sozialversicherung.[44]

---

[44] BeckOK StGB/*Wittig* § 266a Rn. 2; Schönke/Schröder/*Perron* StGB § 266a Rn. 2; *Fischer* StGB § 266a Rn. 2; BGH NStZ 2006, 227 (228).

aa. Möglicher Täterkreis

§ 266a StGB stellt ein echtes Sonderdelikt dar und kann nur von Arbeitgebern begangen werden.[45] Demnach kommen Personen, die reine Vermittlungstätigkeiten ausüben, sei es zur Begründung eines Beschäftigungsverhältnisses einer Pflegekraft in einer Pflegeeinrichtung oder zur Auftragsgenerierung an selbstständige Pflegekräfte, als Täter des § 266a StGB nicht in Betracht.

Grundsätzlich ist in den Fällen der rechtswidrigen Arbeitnehmerüberlassung auch der Verleiher nicht tauglicher Täter des § 266a StGB.[46] Zahlt aber der illegale Verleiher den Lohn an die überlassene Pflegekraft, so führt die nach § 10 Abs. 3 AÜG i. V. m. § 28e Abs. 2 Satz 3 und Satz 4 SGB IV dann eintretende gesamtschuldnerische Beitragshaftung des Verleihers dazu, dass auch dieser neben dem Entleiher tauglicher Täter des § 266a StGB sein kann.[47]

Demnach verbleiben als taugliche Täter vor allem die Geschäftsführer[48] der jeweiligen Pflegeeinrichtungen, die sowohl im Falle des Einsatzes von „scheinselbstständigen" Pflegekräften, als auch im Falle der rechtswidrigen Arbeitnehmerüberlassung als Entleiher auch strafrechtlich zur Verantwortung gezogen werden können und dies selbst dann, wenn kein Lohn bezahlt wird.[49]

Die jeweils entweder scheinselbstständig oder im Rahmen rechtswidriger Arbeitnehmerüberlassung eingesetzte Pflegekraft kommt indes nie als Täter des § 266a StGB in Betracht. Da die Tathandlung des § 266a StGB letztlich im Vorenthalten der fälligen Gesamtsozialversicherungsbeiträge besteht, kommt auch eine Beihilfestrafbarkeit der jeweiligen Pflegekraft selbst dann nicht in Betracht, wenn diese um den Umstand weiß, dass keine entsprechenden Zahlungen an die Einzugsstellen abgeführt werden. § 266a StGB setzt seiner Struktur nach als echtes Unterlassungsdelikt eine Handlungspflicht hinsichtlich der Beitragsabführung voraus.[50] Die einzelne Pflegekraft trifft eine solche Garantenstellung hingegen nicht, da allei-

---

45 BeckOK StGB/*Wittig* § 266a Rn. 4; Schönke/Schröder/*Perron* StGB § 266a Rn. 11; *Fischer* StGB § 266a Rn. 3; *Weber* NStZ 1986, 481 (487).
46 So bereits BGHSt 31, 32.
47 BGH, NJW 2014, 1965 (1976), NStZ-RR 2014, 246 (248).
48 Ausführlich BeckOK StGB/*Wittig* § 266a Rn. 6 ff.; *Fischer* StGB § 266a Rn. 5.
49 *Graf/Jäger/Wittig*, Wirtschafts- und Steuerstrafrecht, 2. Aufl. 2017, § 266a Rn. 13.
50 *Wittig* ZIS 2016, 700 (703); OLG Stuttgart wistra 2000, 392.

niger Schuldner der Arbeitgeber ist. Nur aus der bloßen wissentlichen Duldung des Arbeitnehmers kann für diesen daher auch keine Beihilfestrafbarkeit erwachsen.[51]

bb. Wirkung von Entsendebescheinigungen

Im Falle grenzüberschreitender Arbeitnehmerüberlassung aus einem anderen EU-Mitgliedstaat führt indes das Vorliegen einer Entsendebescheinigung (Bescheinigung A1) letztlich – unabhängig von der Frage danach, wie die entsandte Pflegekraft statusrechtlich in der Bundesrepublik Deutschland zu qualifizieren wäre – im Ergebnis zu einem Wegfall des objektiven Tatbestandes des § 266a StGB. Mittels einer entsprechenden Entsendebescheinigung versichert der zuständige Sozialversicherungsträger des entsendenden Mitgliedstaats, dass und wie lange und unter welchen Umständen seine nationalen Rechtsvorschriften Anwendung finden. Damit legt die A1 Bescheinigung im Falle eines Auslandseinsatzes eines Arbeitnehmers grundsätzlich zwingend fest, dass er in seinem Heimatstaat sozialversichert bleibt.[52] Mit der Ausstellung einer solchen Bescheinigung erhalten Arbeitgeber somit Klarheit, dass nach deutschem Sozialversicherungsrecht keine Beiträge abzuführen sind.

Diese Entsendebestätigung bindet nach Art. 5 Abs. 1 VO (EG) 98/2009 alle anderen Mitgliedstaaten. Der früher vertretenen Auffassung, dass diese Bindungswirkung sogar dann gelte, wenn die Bescheinigung inhaltlich falsch oder durch Täuschung oder Bestechung der heimischen Behörden erlangt ist[53], hat nunmehr jedoch der EuGH in einer aktuellen Entscheidung eine deutliche Absage erteilt.[54] Möglich bleibt jedoch weiterhin eine rückwirkende Ausstellung einer A1 Bescheinigung, die ebenfalls die Mitgliedstaaten bindet.[55]

---

51 *Dornheim/Giesing*, GuP 2014, 161 (168).
52 EuGH Entscheidung v. 26.1.2006 – C-2/05, BeckRS 2006, 70078 [„Herbosch Kiere"]; anschließend: OLG Bamberg, Beschl. v. 9.8.2016 – 3 Ss Owi 494/16, DStR 2016, 2349; zuletzt: EuGH Urt. v. 27.4.2017 – C-620/15, BeckRS 2017, 108055.
53 *Wilde*, NSZ 2016, 48.
54 EuGH, Urteil vom 6.2.2018 – Rs. C-359/16.
55 EuGH vom 30.3.2000, C-178/97.

Nach dem BGH-Urteil vom 24.10.2006[56] bindet eine A1-Bescheinigung auch die deutschen Organe der Strafrechtspflege. Mangels deutscher Sozialversicherungspflicht scheidet eine Strafverfolgung nach § 266a StGB aus.

cc. subjektiver Tatbestand

Für den von § 266a StGB verlangten Vorsatz genügt dolus eventualis.[57] Im Hinblick auf die Reichweite des subjektiven Vorstellungsbildes des Täters ging der Bundesgerichtshof grundsätzlich davon aus, dass der Vorsatz im Kontext des § 266a Abs. 1 StGB nicht die einzelne Beitragspflicht umfassen muss.[58] Auch wenn dieser Punkt zuweilen in der Literatur kontrovers diskutiert wird[59], so bestand dennoch weitestgehend Einigkeit dahingehend, dass es ausgeschlossen sei, dass der Arbeitgeber, der vertretbar seine Beitragsschuld verkennt, einem straftatbestandsausschließenden Tatbestandsirrtum unterliegt. Ein hierin liegender Verbotsirrtum gem. § 17 StGB war indes aufgrund der Möglichkeit eines Statusfeststellungsverfahrens regelmäßig vermeidbar.[60]

Dies hatte im Ergebnis zur Konsequenz, dass ein Arbeitgeber, der Personen beschäftigt, die letztlich scheinselbstständig sind, einer Strafbarkeit nur dann entgehen kann, wenn er für diese auf Verdacht Sozialversicherungsbeiträge abführt.[61]

Nunmehr zeichnet sich hier indes eine Änderung der Rechtsprechung ab. Mit Urteil vom 24.1.2018 hat der 1. Strafsenat des BGH in Aussicht gestellt, dass der Irrtum über die eigene Arbeitgeberstellung zukünftig als vorsatzausschließender Tatbestandsirrtum zu behandeln sein könnte.[62]

---

56 BGH Urt. v. 24.10.2006 – 1 StR 44/06, BeckRS 2006, 13846; NJW 2007, 233 (m. Anm. *Schulz*).
57 BGH NStZ 2002, 548 (549); *Fischer* StGB § 266a Rn. 23.
58 BGH, NJW 1997, 130 (133).
59 So etwa Schönke/Schröder/*Perron* StGB § 266a Rn. 17.
60 BGH NStZ 2010, 337 mit ausdrücklichem Hinweis auf die Vermeidbarkeit eines Verbotsirrtums durch ein Statusfeststellungsverfahren; vgl. auch *Weber*, FD-StrafR 2018, 405246.
61 So OLG Celle, wistra 2014, 109.
62 BGH, Urteil vom 24.1.2018 - 1 StR 331/17, vgl. hierzu die Anmerkung von *Weber*, FD-StrafR 2018, 405246.

b. Bußgeldtatbestände des AÜG

Auch das AÜG selbst sanktioniert Verstöße im Rahmen der Arbeitnehmerüberlassung in § 16 AÜG.

In dem hier im Vordergrund stehenden Kontext sollen dabei insbesondere die Vorschriften des § 16 Abs. 1 Nr. 1, 1a sowie 1c bis 1e AÜG von Bedeutung sein, die sich sowohl an den Verleiher, als auch an den Entleiher richten.

Verstöße gegen die Kennzeichnungspflicht oder die Höchstüberlassungsdauer sowie eine Überlassung ohne Erlaubnis können mit einer Geldbuße von bis zu dreißigtausend Euro belegt werden.

Mit Blick auf die sozialversicherungsrechtlichen Konsequenzen derartiger Verstöße und die Arbeitgeberfiktionswirkung zu Lasten des Verleihers aus § 10 AÜG stellt sich jedoch die Frage nach dem Konkurrenzverhältnis zu § 266a StGB. Soweit hier die Strafbarkeitsvoraussetzungen gegeben sind, dürfte für die Ahndung der Ordnungswidrigkeit regelmäßig gem. § 21 OWiG kein Raum sein.

Dies führt aber unweigerlich zu der Frage, wie derartige Sachverhalte ordnungswidrigkeitenrechtlich im Kontext gültiger A1-Bescheinigungen zu beantworten sind. Die durch den BGH mit Urteil vom 24.10.2006[63] bestätigte Bindungswirkung der A1-Bescheinigung für die Organe der Strafrechtspflege könnte im Wege eines Erst-Recht-Schlusses zu der Annahme verleiten, dass sodann auch eine ordnungswidrigkeitenrechtliche Ahndung ausgeschlossen ist.

Dieser Erst-Recht-Schluss beruht dabei aber auf einer falschen Annahme, wie das OLG Bamberg jüngst in einer Entscheidung vom 9.8.2016[64] aufzeigte. Die Bindungswirkung der Entsendebescheinigung bezieht sich allein auf das Sozialversicherungsrecht und lässt im Hinblick auf § 266a StGB den objektiven Tatbestand entfallen, da dieser unter anderem an eine fällige Sozialversicherungsverbindlichkeit anknüpft.[65] Im Kontext der OWi-Tatbestände des AÜG werden aber nicht sozialversicherungsrechtliche Beitragsverfehlungen sanktioniert. Diese knüpfen allein an die Einhaltung des AÜG im Hinblick auf die Vorgaben zulässiger Leiharbeit an.[66] Es

---

63 BGH Urt. v. 24.10.2006 – 1 StR 44/06, BeckRS 2006, 13846 = NJW 2007, 233.
64 OLG Bamberg, Beschl. v. 9.8.2016 – 3 Ss Owi 494/16, DStR 2016, 2349.
65 *Fischer* StGB § 266a Rn. 9a; BGH NStZ 2013, 587; *Räuchle/Schmidt* RdA 2015, 407 (413).
66 ErfK/*Wank* AÜG § 16 Rn. 1 („Verwaltungsunrecht").

handelt sich dabei um eine arbeitsrechtliche Frage, die das OLG Bamberg daher nicht von der Bindungswirkung einer Entsendebescheinigung A1 erfasst sieht.[67]

Dies hat zur Folge, dass eine A1 Bescheinigung keinen vollständigen Schutz vor Sanktionierung gewährt. Vielmehr bleibt eine ordnungswidrigkeitenrechtliche Ahndung rechtswidriger grenzüberschreitender Arbeitnehmerüberlassung auch bei Vorliegen einer Entsendebescheinigung möglich.

Dabei darf nicht übersehen werden, dass nicht nur der angedrohte Bußgeldrahmen mit bis zu 30.000 Euro mehr als erheblich ist. Vielmehr erlaubt § 17 Abs. 4 OWiG darüber hinaus die Abschöpfung der sich aus der rechtswidrigen Arbeitnehmerüberlassung ergebenden wirtschaftlichen Vorteile, sofern der gesetzliche Bußgeldrahmen hierfür nicht ausreichend ist. Demnach kann sich auch bei scheinbarer sozialversicherungsrechtlicher Sicherheit durch eine A1-Bescheinigung schnell ein nicht unerhebliches finanzielles Risiko für einen Pflegebetrieb ergeben, der vermehrt Leiharbeiter aus dem europäischen Ausland beschäftigt, da bei der Bemessung des für die Anwendung von § 17 Abs. 4 OWiG relevanten wirtschaftlichen Vorteils auch die ersparten Sozialversicherungsbeiträge zu berücksichtigen sein werden.[68]

III. Abrechnungsbetrug in der Pflege

Der Abrechnungsbetrug im Gesundheitswesen hat Konjunktur und dies nicht erst seit der wegweisenden, aber auch mehr als zweifelhaften Entscheidung des Bundesgerichtshofs[69] zur Abrechnung von MIII / MIV-Leitungen. Nur kurz sei an dieser Stelle erinnert:

Im Jahr 2012 hatte der BGH entschieden, dass ein privatliquidierender Arzt sich des vorsätzlichen Betrugs strafbar macht, wenn dieser persönlich nicht erbrachte Speziallaborleistungen als eigene Leistungen abrechnet. Bemerkenswert an dieser Entscheidung war, dass der betrugsrelevante Schaden hier im Ergebnis aus einer rein formalen Betrachtungsweise anknüpfend an die Abrechnungsregelungen der GOÄ hergeleitet wurde, ob-

---

67 Ebenso *Räuchle/Schmidt* RdA 2015, 407 (410 ff.).
68 *Zieglmeier*, DStR 2016, 2858 (2867).
69 BGH Beschl. v. 25.1.2012 – 1 StR 45/11, BeckRS 2012, 06059 = NJW 2012, 1377.

wohl bei wirtschaftlicher Betrachtung im Ergebnis kein Schaden entstanden war.[70] Die Entscheidung hat daher vielfach – etwa auch im Hinblick auf das verfassungsrechtliche Verschleifungsgebot – Kritik erfahren.

Diesen eingeschlagenen Weg setzt indes der BGH weiter fort, wie eine aktuelle Entscheidung aus dem Jahr 2014 zeigt.

A. Abrechnungsbetrug durch nicht qualifizierte Pflegekräfte: BGH, Beschluss vom 16.6.2014[71]

In dieser Entscheidung ging es um die Frage des Abrechnungsbetrugs bei geringerer als vertraglich vereinbarter Qualifikation von Pflegedienstmitarbeitern. Die Betreiberin eines ambulanten Pflegedienstes hatte Mitarbeiter eingesetzt, die nicht über die mit der Kranken- und Pflegekasse vertraglich vereinbarten Qualifikationen verfügten. Die von diesen Mitarbeitern tatsächlich ordnungsgemäß erbrachten Pflegeleistungen wurden sodann gegenüber den Kranken- und Pflegekassen abgerechnet.

Der BGH gelangt im Ergebnis hier zu einer Strafbarkeit gem. § 263 StGB wegen Betrugs.

Eine betrugsrelevante Täuschungshandlung erblickte der BGH dabei darin, dass mit der Geltendmachung der Zahlungsansprüche gegenüber den Kranken- und Pflegekassen konkludent durch die Pflegedienstbetreiberin miterklärt worden sei, dass die dem Zahlungsanspruch zugrundeliegenden Tatsachen auch tatsächlich vorlagen.[72] Die anspruchsbegründenden und konkludent miterklärten Tatsachen sah der erkennende Senat darin, dass der zwischen Pflegedienst und Kranken- bzw. Pflegekasse geschlossene Vertrag die Anforderungen an die Qualifikation der eingesetzten Mitarbeiter und damit auch die Anforderungen an deren zulässige Abrechenbarkeit festlegt. Eben über die Einhaltung dieser Vorgaben werden – so der BGH – die zuständigen Mitarbeiter der Pflege- und Krankenkassen getäuscht.

---

70 BGH Beschl. v. 25.1.2012 – 1 StR 45/11, BeckRS 2012, 06059 Rn. 83 = NJW 2012, 1377 (1383).
71 BGH Beschl. v. 16.6.2014 – 4 StR 21/14, BeckRS 2014, 17594 = NJW 2014, 3170 = NStZ 2014, 640.
72 BGH Beschl. v. 16.6.2014 – 4 StR 21/14, BeckRS 2014, 17594 = NJW 2014, 3170 = NStZ 2014, 640.

Prof. Dr. Eckhart Müller

Zu einem betrugsrelevanten Schaden gelangt der BGH auch in dieser Entscheidung unter einer formalen Betrachtungsweise, die sich an den sozialrechtlichen Vorgaben orientiert: Ein Schaden liegt demnach auch dann vor, wenn zwar die Leistungserbringung an sich ordnungsgemäß erfolgt, aber nicht den sozialrechtlichen Vorgaben bzw. den diese ersetzenden vertraglichen Vereinbarungen zwischen Pflegedienst und Kranken- bzw. Pflegekasse entspricht.

Auch diese Entscheidung ist bemerkenswert, steht sie doch in einem deutlichen Konflikt zu verfassungsrechtlicher Rechtsprechung im Kontext der Betrugsstrafbarkeit:

So hat das Bundesverfassungsgericht[73] ausdrücklich eine wirtschaftlich orientierte Auslegung des strafrechtlichen Vermögensbegriffes gefordert. Zwar ist auch eine Inbezugnahme normativer Gesichtspunkte zulässig, jedoch dürfen diese nach den insoweit eindeutigen Vorgaben des BVerfG nicht die wirtschaftliche Betrachtung überlagern oder verdrängen.

Darüber hinaus ist auch diese Entscheidung mit dem aus dem Bestimmtheitsgebot strafrechtlicher Normen gem. Art. 103 GG abgeleiteten Verschleifungsverbot nur schwer in Einklang zu bringen. Verkürzt formuliert fordert das Verschleifungsverbot, dass jedem gesetzlich normierten Tatbestandsmerkmal einer strafrechtlichen Verbotsnorm eine eigenständige Funktion bei der Abgrenzung von strafbarem zu nicht strafbarem Verhalten zukommen muss.[74]

Dies vorausgeschickt, zeigt sich die Entscheidung des BGH daher in zweierlei Hinsicht bedenklich:

Zum einen stand der erfolgten Abrechnung eine tatsächlich ordnungsgemäß erbrachte Leistung gegenüber. Die insoweit streng formale Sichtweise des Sozialversicherungsrechts vermag dies letztlich nicht zu ändern. Der in der kunstgerecht erbrachten Pflegeleistung liegende Gegenwert lässt bei der gebotenen wirtschaftlichen Betrachtung den Schaden grundsätzlich entfallen.[75]

Dieses Dilemma scheint auch dem BGH bewusst gewesen zu sein, führt die hier behandelte Entscheidung doch beinahe schon entschuldigend aus, dass auch unabhängig von einer sozialversicherungsrechtlichen Betrachtungsweise auch bei wirtschaftlicher Betrachtungsweise die durch den

---

73 BVerfG Beschl. v. 7.12.2011 – 2 BvR 1857/10, BeckRS 2011, 56931 Rn. 176 = NJW 2012, 907 (916).
74 *Fischer* StGB § 1 Rn. 8.
75 BeckOK StGB/*Beukelmann* StGB § 263 Rn. 132 m.w.N.

Pflegebetrieb mittels unterqualifizierter Mitarbeiter erbrachten Pflegeleistungen für die Kranken- und Pflegekassen wertlos seien.

Bei genauer Betrachtung handelt es sich aber auch hierbei nur um ein Feigenblatt: Ausgehend von dieser Entscheidung kann eine strafbarkeitsausschließende Schadenskompensation dann nicht stattfinden, wenn der Wert der erlangten Gegenleistung mangelhaft ist. Insoweit wird diese Argumentation zwar der von Seiten des BVerfG geforderten wirtschaftlichen Betrachtungsweise gerecht. Indes begründet der BGH diesen wertmindernden Mangel im Ergebnis aber damit, dass die formalen Voraussetzungen des Sozialrechts nicht eingehalten wurden.[76] Ausschlaggebend ist und bleibt also im Ergebnis allein die normative sozialrechtliche Betrachtung.

Erhebliche Bedenken bestehen gegen diese Entscheidung dabei vor allem im Kontext des Verschleifungsverbots, das der BGH letztlich sowohl Täuschung als auch den Schaden vorliegend aus der sozialversicherungsrechtlichen Nicht-Abrechenbarkeit der tatsächlich und ordnungsgemäß erbrachten Pflegeleistung herleitet. Bei der durch den BGH eingenommenen Sichtweise führt die argumentative Begründung der Täuschungshandlung zwangsläufig auch zur Annahme eines betrugsrelevanten Schadens. Die nach Art. 103 GG gegenüber der Täuschung und den weiteren Tatbestandsmerkmalen gebotene eigenständige Funktion des Schadensbegriffs zur klaren Begrenzung der Reichweite des § 263 StGB ist ausgehend von der Argumentation des BGH nicht gewährleistet, da der Aspekt der sozialversicherungsrechtlichen Abrechenbarkeit der Pflegeleistung gleichzeitig Täuschung und Schaden begründet.

Dabei sind diese Einwände nicht neu, sondern wurden bereits gegen die Entscheidung des BGH zur Abrechnung von Speziallaborleistungen erhoben.[77] Ungeachtet dessen hat der BGH auch mit dieser Entscheidung seinen Weg einer streng formalen Betrachtungsweise weiter fortgeführt und es steht zu erwarten, dass auch diese Entscheidung weiterhin maßgeblich die Rechtsprechungspraxis der Instanzgerichte prägen wird, auch wenn etwa zuletzt am Amtsgericht München jedenfalls im Kontext des Abrechnungsbetrugs mit Speziallaborleistungen erste Freisprüche erzielt werden konnten.

---

76 BGH Beschl. v. 16.6.2014 – 4 StR 21/14, BeckRS 2014, 17594 Rn. 26 ff. = NJW 2014, 3170 (3171).
77 *Dann* NJW 2012, 2001 (2003).

Prof. Dr. Eckhart Müller

B. Neue Dimension des Abrechnungsbetrugs: Bericht des Landeskriminalamts Nordrhein-Westfalen

Zum Abschluss soll noch kurz auf ein Phänomen eingegangen werden, das zuletzt zu Tage getreten ist. Das LKA Nordrhein-Westfalen hat in Zusammenarbeit mit dem BKA im Rahmen des Projekts „Curafair" Erkenntnisse erlangt, die den Abrechnungsbetrug im Pflegebereich in eine neue Dimension heben.[78]

Seit mehr als etwa 10 Jahren werden im gesamten Bundesgebiet Ermittlungen gegen „russische Pflegedienste" geführt. Im Rahmen des Projekts wurden Informationen insbesondere aus NRW, Berlin, Niedersachsen und Mecklenburg-Vorpommern gesammelt und durch das BKA im Januar 2015 erstmals einer gezielten Auswertung unterzogen. Dabei ergaben sich aus dieser ersten Auswertung Anhaltspunkte für einen organisierten Abrechnungsbetrug durch russische Pflegedienste in der Bundesrepublik. Diese Erkenntnisse führten letztlich im Sommer 2015 zum Projekt „Curafair".

Dabei zeigte sich im Rahmen der weiteren Projektarbeit folgendes Bild:
Im Zuge der Auswertung konnten bundesweit 950 Pflegedienste identifiziert werden, welche die Betreuung russischsprachiger Patienten zum Unternehmensgegenstand haben. Dabei konnten 230 Betriebe identifiziert werden, für die sich Verdachtsmomente des Abrechnungsbetrugs sowie von Steuerdelikten und Geldwäschehandlungen ergaben.

Dabei konnten folgende Vorgehensweisen der in den Fokus geratenen Pflegebetriebe ermittelt werden:

- Abrechnung nicht durchgeführter Pflegeleistungen und/oder kostenintensiverer Behandlungen und Leistungen als tatsächlich erbracht („Luftleistungen")
- Einbindung von Akteuren auf allen Ebenen: Betreiber, Pflegekräfte, Leistungsempfänger, Ärzte, Apotheken, Sanitätshäuser (letztere in der Regel durch Kick-Back-Zahlungen)
- Fälschung von Pflegedokumentationen, Leistungsnachweisen, Tourenplänen und Attesten, regelmäßig unter Mitwirkung von Ärzten mit russischem Migrationshintergrund.
- Leistungserbringung durch nicht qualifiziertes Personal

---

78 Abschlussbericht „Curafair" des LKA NRW aaO.

- Vermittlung von Patienten an Pflegedienste durch Ärzte, verbunden mit der Ausstellung (falscher) Atteste zur Begründung der angeblichen Pflegebedürftigkeit. Die Ärzte werden hierfür regelmäßig durch entsprechende Ausgleichszahlungen belohnt.
- Abrechnungen von Pflegeleistungen trotz Abwesenheit der Leistungsempfänger („Luftnummern"). Zuweilen werden die Patienten nur zu den jeweiligen Begutachtungsterminen des MDK ins Land geholt.
- Bundesweite Vernetzung russischer Pflegedienste über die Betreiber und Mitarbeiter: Mitarbeiter in einem Pflegedienst sind zum Beispiel Geschäftsführer eines anderen Pflegedienstes. Zuweilen auch Austausch der Patienten.
- Regelmäßige Eröffnung und Schließung von Pflegediensten unter anderem Namen, aber mit demselben Personal- und Patientenstamm.

Die sich hier offenbarenden Strukturen verdeutlichen eine ganz neue Dimension des Abrechnungsbetrugs in der Pflege, auf den nicht nur von Seiten der Justiz in Einzelfällen reagiert werden darf, sondern auch der Gesetzgeber aufgerufen ist, hier präventiv tätig zu werden. Inwieweit das Zweite und Dritte Pflegestärkungsgesetz hier bereits ausreichende Maßnahmen implementieren, wird die Zukunft zeigen.

Patientendatenschutz und Sanktionenrecht

Dr. Thilo Weichert

I. Einleitung

Der Schutz von Patientendaten hat viele rechtliche Dimensionen. Im Vordergrund stehen das Datenschutz- und das medizinische Standesrecht. Technikrechtliche Fragestellungen gewinnen mit dem technischen Fortschritt und dem damit einhergehenden verstärkten Einsatz von Informationstechnik (IT) an Bedeutung. Das Straf- bzw. das Sanktionenrecht spielte in der Praxis des Schutzes des Patientendatenschutzes bisher eine eher untergeordnete Rolle.[1] Strafverfahren sind selten; Verurteilungen die absolute Ausnahme. Dieser empirische Befund steht im diametralen Gegensatz zur normativen Relevanz des Strafrechts für den Patientendatenschutz: Es ist eine Strafrechtsnorm, § 203 StGB mit der Regelung zur beruflichen Schweigepflicht, die für den Patientendatenschutz bestimmend war und absehbar auch bleiben wird. Unter dieser normativen Oberfläche gibt es aber viele rechtliche Entwicklungen und praktische Fragen. Das Sanktionenrecht wird in Zukunft für den Schutz von Patientendaten eine *zunehmend wichtige Rolle* spielen. Es ist daher äußerst sinnvoll, sich hiermit näher zu befassen.

II. Verfassungsrechtliche Grundlagen

Der Patientendatenschutz ist einerseits ein uraltes, andererseits ein hochmodernes Phänomen. Er geht auf den *Eid des Hippokrates* zurück, der 460 bis 370 vor Christus lebte und als Arzt wie folgt versicherte: „Was immer ich sehe und höre, bei der Behandlung oder außerhalb der Behandlung, im Leben der Menschen, so werde ich von dem, was niemals nach außen ausgeplaudert werden soll, schweigen, indem ich alles Derartige als solches betrachte, das nicht ausgesprochen werden darf". Dieses Versprechen ba-

---

[1] *Schulzki-Haddouti*, Datenschutzverstöße werden sehr selten sanktioniert, www.datenschutzbeauftragter-online.de 4.4.2016.

siert auf einer grundlegenden Erwägung: Eine wegen einer Krankheit Hilfe suchende Person soll sich dem Arzt umfassend anvertrauen können und deshalb keine Nachteile befürchten müssen. Nur auf einer solchen Grundlage ist der Arzt in der Lage, individuell, kompetent, situationsbezogen und ausreichend Hilfe zu leisten.[2]

Diese damals wie heute gültige Erwägung findet in unserer modernen Verfassungsordnung sowohl national im Grundgesetz (GG) wie auch im Recht der Europäischen Union (EU) in der Grundrechte-Charta (GRCh) ihre Grundlage: Der Mensch hat ein Recht auf Unversehrtheit (Art. 2 Abs. 2 GG/Art. 3 GRCh). Zugleich hat er ein Recht auf umfassende *Selbstbestimmung*, was in Art. 2 Abs. 1 i. V. m. Art. 1 Abs. 1 GG im allgemeinen Persönlichkeitsrecht sowie im Recht auf Freiheit und Sicherheit des Art. 6 GRCh zugesichert wird. Eine Konkretisierung des allgemeinen Persönlichkeitsrechts ist das Grundrecht auf informationelle Selbstbestimmung[3], das als Grundrecht auf Datenschutz in Art. 8 GRCh explizit normiert ist. Informationelle Selbstbestimmung ist im Gesundheitsbereich eine Konkretisierung einer umfassender zu verstehenden medizinischen Selbstbestimmung, die dem Menschen die Freiheit gibt, über sich – Körper und Seele – frei verfügen und so seine Freiheiten genießen zu können.

Dieses Recht gilt nicht nur zur Abwehr hoheitlicher Eingriffe. Dem Staat kommt vielmehr insofern eine Gewährleistungspflicht zu. Diese verpflichtet ihn in Umsetzung des Sozialstaatsgebots zur Schaffung der Voraussetzungen sozialer Sicherheit und des Schutzes der Gesundheit (Art. 20 Abs. 1 GG, Art. 34, 35 GRCh). Diese *staatliche Schutzpflicht* findet weitere Konkretisierungen in der Bereitstellung von Rechtsschutz (Art. 19 Abs. 4 GG/Art. 47 GRCh), im Schutz vor Diskriminierungen (Art. 3 Abs. 3 GG/Art. 21 GRCh) und auf europäischer Ebene explizit im Verbraucherschutz (Art. 38 GRCh). Zum staatlich gewährleisteten Rechtsschutz gehört auch die Sicherstellung der Funktionstüchtigkeit der Strafrechtspflege und damit der Effektivität bzw. der Funktionstüchtigkeit der Strafverfolgung.[4]

---

2 *Weichert* DuD 2014, 831.
3 BVerfG NJW 1984, 419 ff.
4 BVerfGE 74, 262; dazu Weichert, Informationelle Selbstbestimmung und strafrechtliche Ermittlung, 1990, S. 58 ff. m. w. N.

III. Der Schutz von Patientendaten

Man kann nicht behaupten, dass die Regelungen zum Schutz von Patientendaten klar und übersichtlich wären. Dies ist dem Umstand geschuldet, dass parallel zwei bzw. *drei Regelungsstränge nebeneinander* bestehen und diese jeweils eigenständige Normen zur materiellen Zulässigkeit wie auch zu den Sanktionsmöglichkeiten enthalten. Es handelt sich zum einen um das moderne Datenschutzrecht, zum anderen um das hergekommene Medizinrecht. Letzteres lässt sich in die Strafrechtsnorm des § 203 StGB und das Standesrecht unterteilen. Diese Stränge gelten grundsätzlich unabhängig voneinander, doch beeinflussen sie sich gegenseitig.

Das derzeit anwendbare *Datenschutzrecht* mit dem deutschen Bundesdatenschutzgesetz (BDSG) im Zentrum kann nur noch insofern als modern bezeichnet werden, als es eine Reaktion auf die jüngere informationstechnische Entwicklung darstellt und gerademal seit ca. 40 Jahren besteht. Das bisherige BDSG (aF) hatte aber mit der technischen und faktischen Entwicklung nicht Schritt gehalten. Es ist deshalb und wegen des europäischen Harmonisierungsbedarfs grundsätzlich zu begrüßen, dass es von einem aktualisierten europäischen Regelwerk abgelöst wurde, in dessen Zentrum die Europäische Datenschutz-Grundverordnung (DSGVO) steht, die vom 25.5.2018 an direkt anwendbar ist. Eine weitere wichtige Säule dieses Regelwerks wird die ePrivacy-Verordnung sein, die sich derzeit zwischen den EU-Gesetzgebungsinstitutionen in der Abstimmung befindet und die zum gleichen Zeitpunkt in Kraft treten sollte. Die ePrivacy-Verordnung behandelt den Schutz von Kommunikationsdaten, die angesichts der Vernetzung des Gesundheitswesens auch in Bezug auf den Patienten eine zunehmende Relevanz erlangen wird.

Die *Grundstrukturen* haben sich vom BDSG zur DSGVO aber nicht geändert: Es gilt ein Verarbeitungsverbot mit Erlaubnisvorbehalt. Erlaubnisse können als Einwilligung des Betroffenen oder über gesetzliche Regelungen erteilt werden. Bei einer Einwilligung in die Verarbeitung in Gesundheitsdaten muss hierauf besonders Bezug genommen werden (§ 4a Abs. 3 BDSGaF, Art. 9 Abs. 2 lit. a DSGVO). Bei der Verarbeitung von Gesundheitsdaten darf nicht auf die allgemeinen Erlaubnisnormen zur Datenverarbeitung zurückgegriffen werden; es gelten spezifische Verarbeitungsvoraussetzungen mit höheren materiellen Anforderungen (§§ 13 Abs. 2, 14 Abs. 5, 28 Abs. 6-9 BDSGaF; Art. 9 DSGVO). Anknüpfungspunkt ist die Einstufung von Gesundheitsdaten als besondere Kategorie personenbezogener Daten (§ 3 Abs. 9 BDSGaF, Art. 4 Nr. 15 DSGVO).

Bei der *Sanktionierung von Verstößen* galt generell bisher § 43 BDS-GaF: Verstöße werden als Ordnungswidrigkeit eingestuft, wobei Bußgelder bis zu 300.000 € verhängt werden konnten. Eine Strafbarkeit war nach § 44 BDSGaF nur gegeben, wenn Entgeltlichkeit vorliegt oder dem Handelnden eine Bereicherungs- oder eine Schädigungsabsicht nachgewiesen werden kann. Bußgeldbehörde ist die Datenschutzaufsicht der Länder, welche die Befugnis hat, anlassunabhängig und sehr umfassend zu kontrollieren und zu ermitteln. Sowohl bei der Sanktionierung von Ordnungswidrigkeiten wie auch erst recht von Straftaten hat (beim Bußgeldverfahren nach Einspruchseinlegung) die Staatsanwaltschaft den bestimmenden Einfluss. Bei Straftaten liegt dort vollständig die Verfahrensherrschaft bis zur Anklageerhebung. Die Funktion der Datenschutzaufsicht beschränkt sich dann auf die einer vorermittelnden Behörde, die einen Strafantrag stellen darf, der zugleich Verfolgungsvoraussetzung ist (§ 44 Abs. 2 BDSGaF, § 42 Abs. 3 BDSGnF).

Neben diesem Regelungskreis gilt davon weitgehend unabhängig das *heilberufliche Standesrecht*, für dessen Durchsetzung die Heilberufskammern, also z. B. die Ärztekammern, zuständig sind. Der materiell-rechtliche Schutz des Patientengeheimnisses erfolgt in den Berufsordnungen der Heilberufe, also z. B. in § 9 der Musterberufsordnung der Ärztekammern (MBOÄ). § 9 MBOÄ weicht in einigen Aspekten vom Datenschutzrecht ab. So gelten bzgl. Form und Inhalt der Schweigepflichtentbindung andere Voraussetzungen als bei der datenschutzrechtlichen Einwilligung. Während bei Datenschutzübermittlungen in jedem Fall eine gesonderte Legitimation erforderlich ist, gilt dies innerhalb eines Behandlungskontextes auch organisationsübergreifend im Standesrecht nicht (§ 9 Abs. 2 S. 1 MBOÄ). Die Kammern haben eigenständige Ermittlungs- und Sanktionskompetenzen, wobei aber in jedem Fall die Berufsgerichtsbarkeit bemüht werden muss. Als Sanktionen sind ein Verweis, Geldbußen bis zu 50.000 € sowie die Aberkennung des Berufswahlrechtes vorgesehen. Strafrechtliche Ermittlungen haben in jedem Fall Vorrang und verdrängen das berufsgerichtliche Verfahren.

Die zentrale *Strafrechtsnorm* ist § 203 StGB, der in Abs. 1 Nr. 1 Heilberufe dazu verpflichtet, beruflich erlangte fremde Geheimnisse nicht unbefugt zu offenbaren. Dieser Straftatbestand ist offen und eng zugleich. Durch die Bezugnahme auf eine Befugnis wird sowohl das Standesrecht wie auch zumindest das spezifische Datenschutzrecht in den Tatbestand inkorporiert. Dieses gilt aber nicht umfassend. In § 1 Abs. 2 S. 2 BDSGnF ist geregelt, dass Berufsgeheimnisse von der Anwendung des BDSG unberührt bleiben.

Dies hat die Anwendung des sog. *Zwei-Schranken-Prinzips* zur Folge: Das Datenschutzrecht und der Schutz des Berufsgeheimnisses sind grds. nebeneinander anwendbar. Besteht insofern keine doppelte Legitimation, so ist die Offenbarung bzw. Datenweitergabe unzulässig und grds. sanktionierbar.

Zusätzliche Komplikationen bei der Rechtsanwendung bestehen dadurch, dass es neben den genannten allgemeinen Regeln *spezifische Regelungen* gibt, die sowohl den Datenschutz als auch das Medizinrecht erfassen, ohne aber die jeweiligen Sachverhalte vollständig abzudecken.

Dies gilt für die angestrebte Vollregelung in den *Sozialgesetzbüchern* (SGB). Diese regeln die Datenverarbeitung durch Sozialleistungsträger, wobei regelmäßig Gesundheits- bzw. Patientendaten einbezogen sind. Dies gilt nicht nur für die gesetzliche Krankenversicherung (GKV) nach dem SGB V, sondern im Prinzip für alle SGB, sei es nun z. B. zur Unfallversicherung (SGB VII), zur Pflege (SGB XI) oder zum Behindertenschutz (SGB IX). Der Schutz der Gesundheitsdaten wird bei dem generell für die SGB geltenden Sozialgeheimnis (§ 35 SGB I) umfassend miteinbezogen. Dies hinderte den Gesetzgeber aber nicht, in speziellen Regelungen den Schutz von Berufsgeheimnissen darüber hinausgehend unter Schutz zu stellen (z. B. § 65 SGB VIII, § 76 SGB X). Als Sanktionsnorm im Fall eines Verstoßes gegen das Sozialgeheimnis bestehen in § 85 SGB X eine Bußgeldnorm und in § 85a SGB X eine Strafvorschrift. Dies schließt, wenn zugleich der Tatbestand des § 203 StGB verwirklicht wurde, die Anwendung dieser allgemeinen Strafrechtsnorm nicht aus. Zwar sind die SGB mit dem Anspruch angetreten, die gesamte Datenverarbeitung der Sozialleistungsträger und deren Schutz abschließend zu regeln; für dieses Prinzip gab es aber schon immer und zunehmend mehr Ausnahmen.

Nicht im Detail behandelt werden können hier die vielen weiteren materiellen *spezialgesetzlichen Regelungen* zum Patientengeheimnis, die sich z. B. im Gendiagnostikgesetz, im Infektionsschutzgesetz, in den Gesundheitsdienst-, den Krankenhaus- oder den Krebsregistergesetzen finden. Wenngleich es sich bei diesen Gesetzen vorrangig um spezifisches Datenschutzrecht handelt, enthalten diese zugleich in der Regel Befugnisse zur Offenbarung von Patientengeheimnissen gemäß § 203 StGB bzw. nach Standesrecht. Dies ist aber nicht in allen Fällen eindeutig. So muss z. B. aus rechtlicher Sicht in Frage gestellt werden, dass die in Spezialgesetzen enthaltenen Forschungsklauseln regelmäßig auch zur Offenbarung von Patientengeheimnissen berechtigen.[5]

IV. Europäische Datenschutz-Grundverordnung (DSGVO)

Angesichts dieser nicht gerade übersichtlichen Rechtslage wäre es zu wünschen gewesen, dass mit der Europäisierung des Rechtsrahmens in der DSGVO zugleich eine Vereinfachung verbunden gewesen wäre. Die DSGVO, die vom 25.5.2018 direkt anwendbar ist, trägt hierfür das Potenzial in sich. Doch wurde leider von dieser Möglichkeit durch den nationalen Gesetzgeber kein Gebrauch gemacht. Er hat es vielmehr geschafft, die Regulierung des Patientendatenschutzes und auch die Sanktionierung von Verstößen weiter zu *verkomplizieren*.

Die Grundstruktur der Regulierung der Datenverarbeitung im Gesundheitswesen ist weitgehend gleich geblieben: *Sensitive Gesundheitsdaten* werden als eine besondere Kategorie personenbezogener Daten in Art. 9 Abs. 1 DSGVO einem besonderen Schutz unterstellt. Dieser besteht – wie bisher – darin, dass bei Einwilligungen auf die Sensitivität besonders hingewiesen werden muss und dass bei gesetzlich begründeter Verarbeitung eine Abwägung zwischen Verarbeitungsinteressen und schutzwürdigen Betroffenenbelangen nicht genügt. Art. 9 Abs. 2 DSGVO enthält vielmehr einen abschließenden Katalog von Zwecken bzw. Rechtsbereichen, bei denen eine Verarbeitung erlaubt wird.

Einzelne kleinere *Änderungen* ergeben sich aber doch: So wird der Katalog der sensitiven Daten erweitert. Davon erfasst sind nicht nur generell Gesundheitsdaten, die erstmals ausführlich legal definiert werden (Art. 4 Nr. 15 DSGVO), sondern auch sämtliche genetischen Daten, unabhängig davon, ob sie im Gesundheitsbereich erhoben und genutzt werden (Art. 4 Nr. 13 DSGVO); das gleiche gilt für biometrische Daten, soweit sie für Identifikationszwecke genutzt werden (Art. 4 Nr. 14 DSGVO).

Bei der *Einwilligung* wird größerer Wert auf Transparenz, Verständlichkeit und Freiwilligkeit gelegt. So muss die Einwilligung hervorgehoben sowie klar und in einfacher Sprache formuliert sein (Art. 7 Abs. 2 DSGVO). Die Erteilung der Einwilligung muss beweissicher dokumentiert sein. Hinsichtlich der Informationspflichten wird klargestellt, dass

---

[5] *Weichert* in Kühling/Buchner, DS-GVO, 2. Aufl. 2018, Art. 9 Rn. 177 ff.

nicht nur die Verantwortlichen, die erfassten Daten und der verfolgte Zweck zu benennen sind, sondern auch die Kontaktdaten des Datenschutzbeauftragten, die Empfänger bzw. Kategorien von Empfängern, die Speicherdauer, der Hinweis auf die Betroffenenrechte sowie, wenn dies beabsichtigt ist, der Hinweis auf ein automatisiertes Entscheidungsverfahren (Art. 13 DSGVO). Die Freiwilligkeit wird dadurch besser abgesichert, dass gemäß Art. 7 Abs. 4 DSGVO bei einer Koppelung mit einem Vertrag nur die hierfür zwingend nötigen Daten verpflichtend eingefordert werden dürfen. D. h. eine Vorgabe „alles oder nichts" bzw. „take it or leave it" soll es künftig nicht mehr geben.

Die *Rechtsdurchsetzung* verbleibt bei den Datenschutzaufsichtsbehörden, deren Status und Aufgaben gegenüber dem bisherigen nationalen Recht nicht wesentlich geändert, aber ausgeweitet und präzisiert wurden. Relevant ist, dass der Handlungsdruck für die Aufsichtsbehörden dadurch erhöht wird, dass Betroffene ein Rechtsinstrument in die Hand bekommen, die Aufsicht zum Tätigwerden zu zwingen (Art. 78 DSGVO). Die Bußgeldregelungen sind so formuliert, dass sich zumindest bei massiven Verstößen eine Verpflichtung zum Erlass eines Bußgeldbescheids ableiten lässt.[6] Zugleich werden die direkten Rechtsschutzmöglichkeiten gegen Verantwortliche verbessert: Gemäß dem Unterlassungsklagegesetz (UKlaG) kann in Deutschland schon seit Anfang 2016 ein Verbraucherverband bei Datenschutzverstößen gerichtlich tätig werden. Dieses Instrument wird in Art. 80 Abs. 2 DSGVO ausdrücklich europarechtlich zugelassen.[7] Weitgehende Klagebefugnisse gegen Verantwortliche haben auch die Betroffenen (Art. 79 DSGVO). Zwar steht diesen nicht der Weg über die Verfassungsbeschwerde mehr zu, doch gibt es weitgehende Rechtskontrollmöglichkeiten beim Europäischen Gerichtshof (EuGH). Neu ist bei den Datenschutzaufsichtsbehörden ein ausgeklügeltes System von Zuständigkeiten und Zusammenarbeitsregelungen bei raumübergreifender Datenverarbeitung (Art. 56, 60 ff. DSGVO). Die Aufsichtsbehörden erhalten neue Möglichkeiten des präventiven Datenschutzes, z. B. durch Pflichten der Verantwortlichen zur vorherigen Konsultation bei Datenschutz-Folgenabschätzungen (Art. 36 DSGVO), im Rahmen von Zertifizierungen

---

6 *Bergt* in Kühling/Buchner, DS-GVO, Art. 83 Rn. 30 ff.; *Albrecht* CR 2016, 96; *Spindler* DB 2016, 947.
7 Dazu ausführlich *Weichert*, DANA 1/2017, 4 ff. = http://www.netzwerk-datenschutz expertise.de/sites/default/files/gut_2017_dsverbandsklage_final.pdf.

(Art. 42 DSGVO) oder über die Genehmigung von Verhaltensregeln (Art. 40 DSGVO) eröffnet.

Aus sanktionenrechtlicher Sicht relevant ist, dass die *Einwirkungsmöglichkeiten der Datenschutzaufsicht* stark verbessert werden, neben der bisherigen Beanstandung, die nun als Verwarnung (Art. 58 Abs. 2 lit. b DSGVO) ausgestaltet ist und der Möglichkeit zu Anordnungen (Art. 58 Abs. 2 lit. c-g DSGVO) wird die Möglichkeit zur Verhängung von Bußgeldern massiv ausgeweitet. Das bisherige Maximalbußgeld in Höhe von 300.000 € (§ 43 Abs. 3 BDSGaF) wird ausgeweitet auf 20 Mio. € oder im Fall eines Unternehmens von bis zu 4 % seines gesamten weltweit erzielten Jahresumsatzes des vorangegangenen Geschäftsjahres (Art. 83 Abs. 3, 4 DSGVO).

In Art. 84 Abs. 1 DSGVO ist weiterhin vorgesehen, dass die *EU-Mitgliedstaaten* weitere Sanktionen für Verstöße gegen das Datenschutzrecht vorsehen dürfen. Diese Sanktionen müssen „wirksam, verhältnismäßig und abschreckend sein".

V. Das neue BDSG

Die DSGVO enthält eine Vielzahl von sog. Öffnungsklauseln, welche die EU-Mitgliedstaaten berechtigen, teilweise auch verpflichten, konkretisierende oder ausfüllende gesetzliche Regelungen zu erlassen. Der deutsche Gesetzgeber hat mit dem neuen Bundesdatenschutzgesetz (BDSGnF) von diesen Möglichkeiten Gebrauch gemacht. Das BDSGnF ist gemeinsam mit der DSGVO vom 25.5.2018 an direkt anwendbar. Das neue Gesetz wurde *aus vielen Gründen kritisiert*. Ihm wird vorgeworfen, über den europarechtlich zugelassenen Umfang hinaus nationale Regelungen beizubehalten, bei Konkretisierungspflichten sich auf die wortgleiche Wiedergabe der europäischen Regelungen zu beschränken und die Betroffenenrechte auf Auskunft und Information über das erlaubte Maß hinaus einzuschränken. Diese Defizite werden den deutschen Gesetzgeber absehbar zu einer Überarbeitung der wegen des Endes der Legislaturperiode teilweise übereilten Gesetzgebung veranlassen.

Aus sanktionenrechtlicher Sicht sind die §§ 40-42 und 29 BDSGnF von Bedeutung: § 40 BDSGnF bestätigt die bisherige Rechtslage, wonach für die *Datenschutzaufsicht* weitgehend die Datenschutzaufsichtsbehörden der Länder zuständig bleiben. Gemäß § 41 BDSGnF sind bei der Umsetzung der Bußgeldvorschriften der DSGVO, also des Art. 83, weitgehend die

Verfahrensregeln des Ordnungswidrigkeitengesetzes (OWiG) und subsidiär der Strafprozessordnung (StPO) anzuwenden. Will die Staatsanwaltschaft ein OWi-Verfahren einstellen, so bedarf es hierfür künftig nach § 41 Abs. 2 S. 2 BDSGnF der Zustimmung der den Bußgeldbescheid erlassenden Datenschutzaufsichtsbehörde.

Die EU hat für das allgemeine Strafrecht keine eigene Zuständigkeit; dieser Bereich verbleibt also in der Regulierungskompetenz der Mitgliedstaaten.[8] Der Bundesgesetzgeber hat von seiner *strafrechtlichen Regelungsmöglichkeit* Gebrauch gemacht, indem er in § 42 Abs. 1 BDSGnF mit Gefängnisstrafe bis zu 3 Jahren oder mit Geldstrafe bedroht, wer gewerbsmäßig unzulässig Daten übermittelt oder eine große Zahl von Personendatensätzen Dritten illegal zugänglich macht. § 42 Abs. 2 BDSGnF geht auf den § 44 Abs. 1 BDSGaF zurück. Wie dort wird die unzulässige Verarbeitung sowie das Erschleichen von nicht allgemein zugänglichen Daten sowie der Datenschutzverstoß gegen Entgelt oder in Bereicherungs- oder Schädigungsabsicht mit einer Freiheitsstrafe von bis zu 2 Jahren oder mit einer Geldstrafe bedroht.

Es ist nicht ganz nachvollziehbar, weshalb trotz der Allgemeinschädlichkeit von Datenschutzstraftaten in § 42 Abs. 3 BDSGnF das *Antragserfordernis* beibehalten wurde. Antragsberechtigt ist aber nicht nur, wie bei § 203 StGB, der Verletzte (§ 205 StGB), d. h. in datenschutzrechtlichen Begriffen der Betroffene oder der Verantwortliche (z. B. als Arbeitgeber oder als Hackingopfer), sondern auch die Bundesbeauftragte für den Datenschutz und die Informationsfreiheit (BfDI) und eine zuständige Aufsichtsbehörde (§ 42 Abs. 2 BDSGnF).

In § 42 Abs. 4 BDSGnF ist zudem geregelt, dass eine Breach Notifikation, also die Meldung eines Datenleaks gegenüber der Aufsichtsbehörde, wozu Verantwortliche nach Art. 33 DSGVO verpflichtet sind, zu einem strafrechtlichen Verwendungsverbot führt. Damit setzt der Gesetzgeber wie bisher (§§ 38 Abs. 3 S. 2, 42a Abs. 1 S. 6 BDSGaF) den *Nemo-Tenetur-Grundsatz* konsequent um. Auf europäischer Ebene ist eine derartige Umsetzung durch die DSGVO nicht vorgesehen, aber auch nicht ausgeschlossen.[9]

Erwähnt werden muss schließlich § 29 Abs. 3 BDSGnF, der eine *Datenschutzkontrolle bei Berufsgeheimnisträger* auszuschließen versucht, „so-

---

8 *Neun/Lubitzsch* BB 2017, 11541.
9 Kritisch zur DSGVO-Regelung *Reif* in Gola, DS-GVO, 2017, Art. 33 Rn. 43.

weit die Inanspruchnahme der (Kontroll-)Befugnisse zu einem Verstoß gegen die Geheimhaltungspflichten dieser Personen führen würde". Da bei Datenschutzkontrollen im Berufsgeheimnisbereich fast immer auch eine Kenntnisnahme von Berufsgeheimnissen stattfinden muss, ist es den Stellen, die kontrolliert werden sollen, mit Hilfe dieser Regelung möglich, eine Datenschutzkontrolle zu behindern. Da aber eine unabhängige Kontrolle gemäß Art. 8 Abs. 3 GRCh inzwischen grundrechtlich garantiert ist und auch das Bundesverfassungsgericht dies für das nationale Verfassungsrecht abgeleitet hat, ist es offensichtlich, dass diese unter dem Vorwand des Grundrechtsschutzes erlassene Kontrollbeschränkung grundrechtswidrig ist.[10]

VI. Rahmenbedingungen

Die Sanktionierung der Verletzung des Patientengeheimnisses stößt derzeit auf *sanktionsfeindliche Rahmenbedingungen*: Durch das Antragserfordernis und die Abhängigkeit des Patienten in Behandlungszusammenhängen ist es zumeist äußerst unwahrscheinlich, dass Verstöße gegen den Patientendatenschutz zur Anzeige und zur Strafverfolgung kommen, da die Patienten wohl noch die Ersten sein dürften, die von einem Verstoß Kenntnis erlangen. Durch die informationstechnische Arbeitsteilung, die für den Betroffenen i. d. R. völlig undurchsichtig ist, erfährt dieser ohnehin nur in den seltensten Fällen von einem Verstoß.

Es ist eine zentrale Aufgabe der Datenschutzaufsichtsbehörden, Datenschutzverstöße zu ermitteln, d. h. von diesen Kenntnis zu nehmen und deren Hintergründe aufzudecken. Hierzu haben sie die Befugnis anlassunabhängige Kontrollen durchzuführen. Dies ist insbesondere dort dringend nötig, wo wegen der Intransparenz der Datenverarbeitung oder aus anderen Gründen keine Anzeigen erfolgen. Die aktuell geringe *personelle Ausstattung der meisten Datenschutzaufsichtsbehörden* führt dazu, dass anlassunabhängige systematische Kontrollen immer weniger und teilweise überhaupt nicht mehr durchgeführt werden (können).[11] Anknüpfungs-

---

10 *Weichert*, DANA 2/2017, 76-79; ausführlicher *Weichert/Schuler*, http://www.netzwerk-datenschutzexpertise.de/sites/default/files/gut_2017_dskontrolleinschr_bdsg-neu_03.pdf.
11 *Körffer* in Paal/Pauly, DS-GVO, BDSG, 2. Aufl. 2018, Art. 52 Rn. 10.

punkte für Überprüfungen werden so in der Regel nur noch durch Hinweise von Whistleblowern, von Konkurrenten oder anderen Insidern initiiert.

Die quantitative Ressourcenknappheit wird ergänzt durch eine qualitative Beschränkung: Medizinische Informationsverarbeitung lässt sich schon längst nicht mehr mit gesundem Menschenverstand und Verwaltungserfahrung beurteilen. Diese erfährt durch die Biotechnik mit molekularbiologischen und gentechnischen Verfahren eine naturwissenschaftliche Dimension, die hohe wissenschaftliche Expertise verlangt. Zudem kommen informationstechnisch hochkomplexe Verfahren des Data Mining, des Big Data und der künstlichen Intelligenz zum Einsatz, für deren Bewertung das informationstechnische Know-how der Aufsichtsbehörden oft nicht ausreicht.

Dieser Mangel besteht bei der Datenschutzaufsicht. Er ist aber eklatant bei den *Institutionen der Strafverfolgung*, also bei der Polizei, den Staatsanwaltschaften und den Gerichten. Diesen fehlt i. d. R. nicht nur das technische Know-how, sondern auch schon das juristische Grundwissen, das für die Bewertung der teilweise hochkomplexen Rechtslage nötig ist. Das Problem der meisten Sanktionenregelungen im Datenschutzrecht wie auch – in geringerem Maße – des § 203 StGB ist zudem, dass die Tatbestände wenig bestimmt beschrieben sind und die Feststellung der Rechtswidrigkeit oft eine Interessenabwägung erfordert.

Die Polizei beginnt soeben, sich die *forensische Kompetenz* im Bereich der Informationsverarbeitung aufzubauen. Schwerpunkt ist hierbei aber nicht der Schutz der informationstechnischen Vertraulichkeit. Vielmehr geht es um andere Formen des Cybercrime, etwa im Bereich der Bekämpfung der Wirtschaftskriminalität, des Terrorismus oder der Kinderpornografie. Bei einer Schwerpunkt- bzw. Prioritätensetzung werden diese publikumsträchtigeren und als schwerwiegender eingestuften Kriminalitätsformen der Verletzung der Patientenvertraulichkeit vorgezogen.

Was für die Polizei gilt, gilt noch in stärkerem Maße für die Staatsanwaltschaften und die Gerichte. Dort hat sich bisher insofern, soweit erkennbar, noch überhaupt *keine Spezialisierung* herausgeschält. Vielmehr werden Datenschutzverfahren generell und Verfahren wegen Verstößen gegen das Patientengeheimnis speziell zumeist unter „sonstigen Verfahren" eingestuft und in ihrer Gewichtigkeit wenig ernst genommen. In Pensenschlüsseln werden sie z. B. mit Straßenverkehrsdelikten gleichbehandelt, obwohl sie im Hinblick auf die tatsächliche wie die rechtliche Komplexität einen zigfach höheren Aufwand verursachen. Dies verstärkt die

Bereitschaft, derartige Verfahren einzustellen bzw. liegenzulassen und einfachere Fälle vorzuziehen.

Bei Strafverfahren besteht eine weit verbreitete Bereitschaft der Staatsanwaltschaft, Verfahren zur Sanktionierung als Ordnungswidrigkeit *an die Aufsichtsbehörden weiterzureichen*. Dies mag insofern oft sinnvoll sein, als diese die Sachverhalte kompetenter einschätzen können. Zugleich ist aber damit verbunden, dass der Sanktionsrahmen beschränkt wird und z. B. Verstöße gegen § 203 StGB nur indirekt über den Umweg des Datenschutzrechtes sanktioniert werden können. Es ist allgemein anerkannt, dass § 203 StGB als Datenschutzregelung anzusehen ist und dessen Verletzung datenschutzrechtlich sanktioniert werden kann. Zugleich wird die gesetzgeberische Intention übergangen, mit einem besonderen Vorsatz begangene Datenschutzverstöße auch besonders zu sanktionieren.

Diese Entwicklung ist wegen eines weiteren Trends für die Wahrung des Patientengeheimnisses hoch problematisch: Die Automation und die damit verbundene verstärkte Arbeitsteilung im Gesundheitswesen hat zur Folge, dass die *Transparenz über die Verarbeitung* der Gesundheitsdaten massiv abnimmt. Der Patient als Betroffener hat nicht mehr ansatzweise die Möglichkeit, selbst den Überblick zu wahren. Dies macht es erforderlich, dass Treuhänder in seinem Interesse tätig werden. Als solche kommen neben den Verbraucherschutzorganisationen nur die Aufsichtsbehörden in Betracht. Sind diese durch ihre Ressourcen in ihrem Handlungsradius eingeschränkt, so wird dies von vielen Beteiligten auf dem Gesundheitsdatenmarkt als Einladung angesehen, die Grenzen des rechtlich Machbaren zu verschieben oder gar ganz bewusst zu ignorieren.

Automation und Arbeitsteilung haben einen weiteren Effekt: Eingebunden sind hierbei nicht nur Berufsgruppen bzw. Gewerbe, die direkten Patientenkontakt haben und die in ihrer Ausbildung mit den ethischen und rechtlichen Anforderungen konfrontiert wurden. Das Bewusstsein für die Sensitivität der Datenverarbeitung geht in dem Maße zurück, in dem sich diese *vom direkten Patientenkontakt entfernt*. Dies gilt in besonderem Maße, wenn informationstechnisch nicht mehr zwischen mehr oder weniger sensitiven Daten unterschieden wird, so wie dies bei Rechenzentren, Kommunikationsanbietern, Internet-Plattformen oder sozialen Netzwerken regelmäßig der Fall ist, die dessen ungeachtet zunehmend in die medizinische Kommunikation mit einbezogen werden. Hier wird die Verarbeitung von Gesundheitsdaten nur als technisch neutraler Vorgang und nicht als sozial relevanter Prozess wahrgenommen und behandelt. Zwar wurde mit der Einbeziehung der an der Berufsausübung mitwirkenden Personen in

§ 203 Abs. 3, 4 StGB formal der Geheimnisschutz und die Geheimnispflicht auf informationstechnische Dienstleister ausgedehnt, was aus praktischen Gründen sehr zu begrüßen ist.[12] Doch ist nur begrenzt damit zu rechnen, dass dadurch eine wesentlich verstärkte Sensibilität bei den Verarbeitern entsteht und im Zweifel Strafverfolger Verstöße auch ahnden.

Mit der Entfremdung vom medizinischen Kontext einher geht eine zunehmende *Begehrlichkeit an Gesundheitsdaten*: Neben kontextnahen Verwendungen, also Behandlung, Nachsorge, Abrechnung, Qualitäts- und Wirtschaftlichkeitskontrolle und medizinischer Forschung, eröffnen Gesundheitsdaten in ihrer Zweitverwertung neue Geschäftsmodelle und Möglichkeiten der kommerziellen Ausbeutung. Dies gilt insbesondere für den Werbesektor, aber auch für weitere Bereiche der Waren- und Dienstleistungswirtschaft. So sind z. B. Gesundheitsdaten für den höchst lukrativen Vertrieb von Arzneimitteln von größter Relevanz. Demgemäß werden hierfür gute Preise gezahlt. In Ermangelung einer ethischen oder berufsständischen Einschränkung und Kontrolle und in Ermangelung einer ermittelnden und sanktionierenden Aufsicht wird hier nach dem Prinzip verfahren: „Alles was geht, wird gemacht."

Patientendatenschutz wurde von Hippokrates bis in die heutige Zeit als eine personale Aufgabe angesehen. Mit der Digitalisierung der Medizin hat sich der Schwerpunkt hin zur Technik verschoben. Klassisches Verletzungsszenario ist nicht mehr der geschwätzige Arzt oder sonstige Berufshelfer, sondern der Hackingangriff auf das Krankenhaus oder ein medizinisches Register. Dies hat zur Folge, dass dem technischen Schutz eine erhöhte Bedeutung beizumessen ist. Die Missachtung dieses Schutzes durch inadäquate *technisch-organisatorische Sicherungsmaßnahmen* wird aber bisher nicht als im gleichen Sinn sanktionswürdig angesehen wie die personale vorsätzliche Verletzung des Patientengeheimnisses, wenngleich mit einem Angriff zumeist eine erheblich massivere – quantitativ wie qualitativ – Verletzung von Rechtsgütern verbunden ist. Hintergrund vieler ungenügender Sicherungsmaßnahmen sind finanzielle Erwägungen. Technische Sicherheit in einer vernetzten Gesundheitslandschaft ist kostenträchtig. Die Verletzung des Patientengeheimnisses durch das Unterlassen von adäquaten Sicherungsmaßnahmen ist als Begehensweise zwar im Grundsatz anerkannt, doch sind die normativen Voraussetzungen noch äußerst unklar. Insofern gilt, was für das gesamte Datenschutzrecht zutrifft: Um

---

12 G. v. 30.10.2017, BGBl. I S. 3618, dazu *Ruppert* K&R 2017, 609.

insofern für die Sanktionierung die Verschuldenshürde zu nehmen, müssen technische und organisatorische Mindeststandards definiert werden. Hieran fehlt es bisher.

VII. Schlussfolgerungen

Aus dem Vorgenannten können thesenartig folgende Schlüsse gezogen werden:

1. Die Möglichkeiten der DSGVO sollten in der Form genutzt werden, dass das *materielle Recht umfassend überarbeitet* und vereinfacht wird, ohne dabei das Schutzniveau zu senken, wohl aber die Verständlichkeit und Anwendbarkeit zu erhöhen.
2. Anstelle die Sanktionierungsmöglichkeiten – so geschehen im BDSGnF – einzuschränken, muss das *Ermittlungs- und Sanktionspotenzial* bei der Verletzung von Patientengeheimnissen ausgebaut werden.
3. Anstelle der extensiven Verwendung der nationalen Öffnungsklauseln sollte im Interesse eines europaweiten einheitlichen hohen Schutzes des Patientengeheimnisses auf die *Erarbeitung gemeinsamer europäischer Standards* und letztlich gemeinsamer Normen hingewirkt werden.
4. Hierfür ist es erforderlich, die originär zuständige *Datenschutzaufsicht auszubauen* und dieser wieder die faktische Möglichkeit anlassunabhängiger Kontrolle zu geben.
5. Die Verfolgungsinstitutionen jenseits der Datenschutzaufsicht müssen mit *mehr Kompetenz und Problembewusstsein* ausgestattet werden. Insofern sind fachliche Schwerpunktsetzungen zu empfehlen. Die für Verfahren wegen des Verstoßes gegen die Patientenvertraulichkeit zuständigen Stellen (bei Kammern, Polizei, Staatsanwaltschaften und Gerichten) müssen zudem mit ausreichenden Ressourcen ausgestattet werden.

Autorenverzeichnis

Prof. Dr. Karsten Gaede

Lehrstuhl für deutsches, europäisches und internationales Strafrecht und Strafprozessrecht, einschließlich Medizin-, Wirtschafts- und Steuerstrafrecht an der Bucerius Law School Hamburg

Karsten Gaede hat nach seinem Studium der Rechtswissenschaften in Leipzig an der Universität Zürich bei Prof. Dr. Wolfgang Wohlers promoviert. Er habilitierte an der Bucerius Law School in Hamburg, wo er zunächst Juniorprofessor war und 2014 zum ordentlichen Universitätsprofessor ernannt wurde. Seit 2014 ist er außerdem geschäftsführender Direktor des Instituts für Medizinrecht der Bucerius Law School. Seine Forschungsschwerpunkte sind unter anderem das Medizinstrafrecht und Grundlagen des Medizinrechts, das Wirtschafts- sowie Steuerstrafrecht. Karsten Gaede ist geschäftsführender Herausgeber und Schriftleiter der Zeitschrift medstra sowie Schriftleiter der HRRS. Seit 2017 ist er zudem of counsel tätig für die Kanzlei Tsambikakis & Partner Rechtsanwälte.

Korrespondenzanschrift:
Prof. Dr. Karsten Gaede
Jungiusstr. 6
20355 Hamburg
E-Mail: karsten.gaede@law-school.de

Dr. Tilman Clausen

Rechtsanwalt, Fachanwalt für Medizinrecht und Arbeitsrecht
Armedis Rechtsanwälte

Tilman Clausen absolvierte das Studium der Rechts- und Sozialwissenschaften in Göttingen. Seit 2013 ist er Gründungspartner der Sozietät Armedis Rechtsanwälte, wo er schwerpunktmäßig unter anderem im öffentlichen Gesundheitsrecht, Krankenhausabrechnungsrecht, Honorarrecht (GOÄ/GOZ) und Vertragsarztrecht tätig ist. Er ist Herausgeber und Mitautor des Münchener Anwaltshandbuchs Medizinrecht. Außerdem ist er Mitautor des Handbuchs Medizinrecht, herausgegeben von Ratzel/Luxenburger, sowie des Lose-

Autorenverzeichnis

blattwerks Stellpflug/Hildebrandt/Middendorf Gesundheitsrecht. Tilman Clausen ist Mitglied in der Arbeitsgemeinschaft Medizinrecht des Deutschen Anwaltvereins sowie in der Arbeitsgemeinschaft der Deutschen Gesellschaft für Kassenarztrecht.

Korrespondenzanschrift:
Dr. Tilman Clausen
Theaterstr. 3
30159 Hannover
E-Mail: clausen.sekretariat@armedis.de

Prof. Dr. Martin Rehborn
Rechtsanwalt, Fachanwalt für Medizinrecht
rehborn.rechtsanwälte

Martin Rehborn absolvierte das Studium der Rechtswissenschaften in Bochum und Bonn. Seit 1983 ist er als Rechtsanwalt tätig und seit 2005 als Fachanwalt für Medizinrecht. Er war Lehrbeauftragter für Medizinrecht an der Universität Leipzig und ist seit 2003 Lehrbeauftragter für Gesundheitsrecht an der Universität zu Köln, wo er 2009 zum Honorarprofessor ernannt wurde. Martin Rehborn ist Vorsitzender des Verwaltungsrates der Katholischen St.-Johannes-Gesellschaft Dortmund gGmbH (Kranken- und Pflegeeinrichtungen) und der St. Marien-Hospital Hamm gem. GmbH. Zudem ist er Herausgeber der Zeitschrift GesR sowie Mitglied des Herausgeberbeirats der MDR.

Korrespondenzanschrift:
rehborn.rechtsanwälte
Brüderweg 9
44135 Dortmund
E-Mail: vorz.m.rehborn@rehborn.com

Prof. Dr. Eckhart Müller
Rechtsanwalt, Fachanwalt für Strafrecht
Prof. Dr. Müller & Partner Rechtsanwälte

Eckhart Müller ist seit seiner Zulassung als Rechtsanwalt im Jahr 1976 im Strafrecht tätig, mittlerweile schwerpunktmäßig in Wirtschaftsstrafverfahren und in der strafrechtlichen Präventivberatung von Unternehmen. Er ist Honorarprofessor an der Universität Passau und Mitherausgeber des Münchener Anwaltshandbuchs Strafverteidigung. Nach seinem Studium der Rechtswissenschaften in Erlangen, Genf und München und der abgeschlossenen Promotion war er zunächst wissenschaftlicher Mitarbeiter der Universität des Saarlandes in Saarbrücken. Er gründete 1981 die Kanzlei Prof. Dr. Müller & Partner Rechtsanwälte. Von 1994 bis 2006 war Eckhart Müller Mitglied des Vorstandes der Rechtsanwaltskammer für den OLG-Bezirk München, von 1998 bis 2006 deren Vizepräsident. Er war Mitglied des Strafrechtsausschusses der Bundesrechtsanwaltskammer von 1999 bis 2011. Seit 2011 ist er Vorsitzender der Münchener Juristischen Gesellschaft. Eckhart Müller ist regelmäßiger Referent an den Richterakademien in Trier und Wustrau und seit 2011 Vorsitzender der Münchener Juristischen Gesellschaft.

Korrespondenzanschrift:
Prof. Dr. Müller & Partner Rechtsanwälte
Sendlinger Straße 19
80331 München
E-Mail: kanzlei@rae-strafrecht.de

Dr. Thilo Weichert

Jurist, Politologe, ehemaliger Datenschutzbeauftragter des Landes Schleswig-Holstein

Thilo Weichert studierte Rechts- und Politikwissenschaften in Freiburg und Genf und promovierte zum Datenschutz im strafrechtlichen Ermittlungsverfahren. Von 1984 bis 1986 war er Mitglied des Landtags von Baden-Württemberg in der Fraktion der Grünen. Es folgten berufliche Tätigkeiten als Rechtsanwalt in Freiburg, parlamentarischer Berater in Stuttgart und Dresden, Publizist sowie als Hochschuldozent in Freiburg und Hannover. 1991 war er zudem juristischer Berater der Bürgerkomitees zur Auflösung der Staatssicherheit und von 1992 bis 1998 Referent beim Landesbeauftragten für den Datenschutz Niedersachsen. Thilo Weichert war von 2004 bis 2015 Datenschutzbeauftragter des Landes Schleswig-Holstein und damit Leiter des Unabhängigen Landeszentrums für Datenschutz (ULD). Er ist Vorstandsmitglied der Deutschen Vereinigung für Datenschutz e. V. und beteiligt sich insbesondere über

Autorenverzeichnis

das „Netzwerk Datenschutzexpertise" weiterhin an der öffentlichen Diskussion über Fragen des Datenschutzes.

Korrespondenzanschrift
Dr. Thilo Weichert
Netzwerk Datenschutzexpertise
Waisenhofstr. 41
24103 Kiel
E-Mail: weichert@netzwerk-datenschutzexpertise.de